さらば、裁判員制度

司法の混乱がもたらした悲劇

西野喜一［著］

ミネルヴァ書房

はしがき

本書は、二〇〇九年から実施されている裁判員制度の問題点を批判的に解説したものです。裁判員制度は、私が前著『裁判員制度の正体』（講談社現代新書、二〇〇七）でも詳述した通り、そもそも憲法違反であるだけでなく、裁判のシステムとしても極めて拙劣なもので、あまりにも問題が多すぎるものです。そのことはこの制度を打ち出した司法制度改革審議会の答申（二〇〇一年）の段階からわかっていたことでしたが、施行後五年の経験を経て、そのことがますます明らかになってきました。施行前から危惧されていたことがそのまま的中したこともあり、施行前から案じられていたことが一層拡大した形で表面化したというものもあり、さらには、施行前には予想もされていなかったことが実施五年の経験によって新たに噴出してきたというものもあります。

刑事司法はそれぞれの国の根幹を支えるシステムの一つですが、我が国では裁判員制度によってこれが随分ゆがんできてしまっているということを知っていただきたいと思います（本書第Ⅰ部、第Ⅱ部）。

私が本書を書いたもう一つの目的は、我が国の最高の司法府である最高裁判所に、この裁判員制度をめぐって相当おかしな動きが生じているということを知ってほしいということです（本書第Ⅲ部）。それは、最初は、国民が直接被告人の運命を決めるような制度には憲法違反の疑義がある、これは最高裁判所の裁判官の大方の意見である、と言っていた最高裁が、裁判員法成立後は、掌を返したように制度合憲に転じ、法成立後は猛烈な制度キャンペーンを展開するに至ったことに端を発したのでしたが、それについては国民への説明もないままに、二〇一一年一一月の制度合憲論の大法廷判決に至るのです。

しかも、この判決は、後に本文で改めて詳しく述べますが、裁判員制度が「違憲のデパート」であるという言い方に倣えば、もう「屁理屈のデパート」としか言いようのないもので、このような詭弁、強弁を弄してでも裁判員制度を合憲にしたいのかと言いたくなるようなものでした。その上、これは表現の端々まで全員一致の異様な国策判決でもあったのです。

裁判員制度のせいで、国権の三分の一を担っているはずの司法府において、その内部が今どうなってしまったのか、ということは主権者たる国民として承知しておくべきことでしょう。

本書の底流をなす私の思想は二つあるつもりです。その一は、司法府の今のあり方に対する私の危機意識です。私は、正義の府であるべき裁判所がこんなことで良いのかということを痛切に案じています。

そしてもう一つは、私を法律家として育ててくれた裁判所への愛惜の思いです。私は二十代後半から三十代の全部の一五年間という人生の最も中心的な部分、花とも言うべき部分を裁判官として裁判所で過ごしました。その経験とそこで培ったあるべき裁判所像、裁判官像への思いが今の司法の劣化を座視することを許さず、本書を書く原動力となったのです。この思いを是非くみ取っていただけますよう。

出版事情が格別に厳しい中で本書を公刊することができたのは、我が国の今の刑事司法のあり方を憂える数多くの方々のお力添えのおかげでした。とりわけ、筆も拙く構成の力も乏しい私を励まし続けて下さった上、出版への道筋をつけて下さった松野弘・千葉商科大学教授（前・千葉大学教授）のお名前を最初にここに挙げておかなければなりません。この本を刊行できたのは挙げて松野弘先生のおかげで、改めて御礼を申し上げます。

そのほか、拙著『裁判員制度の正体』以来、裁判員制度による弊害を憂えて私を応援して下さった多数の方々に御礼を申さねばなりません。とりわけ、断片的に発表してきた制度批判の拙稿にその都度懇切なご指導を賜って私見の本書への結実に多大なお力添えをいただいた元東京高裁部総括判事・大久保太郎先生、各地での訴訟の現場での各種の貴重な情報や示唆を提供して下さっている（下さってきた）仙台弁護士会・織田信夫先生、元第二東京弁護士会・小清水義治先生に厚く御礼を申し上げます。

また、我が国の刑事司法の現状を真剣に憂え、裁判員制度に関してマスコミが報道しないような最新の貴重な情報を提供してくれている各種ウェブサイトにもお世話になりました。

なお、この本をこのように内外とも美しく整えて世に送り出すことができたのは、ミネルヴァ書房の東寿浩さんのおかげにほかなりません。有り難うございました。

二〇一四年九月

著　者

さらば、裁判員制度——司法の混乱がもたらした悲劇

目次

注1　本書では、「裁判員の参加する刑事裁判に関する法律」を「裁判員法」と略記します。
注2　本書では、司法制度改革審議会を「審議会」と略称することがあります。
注3　本書では、詳細な記述を私の別の著作に譲った部分が多いので、これらを以下の略称で引用します。
拙著『裁判批判論』＝拙著『司法過程と裁判批判論』（悠々社、二〇〇四）
これは司法制度全般に関する専門的な論文集です。
拙著『正体』（又は『正体』）＝拙著『裁判員制度の正体』（講談社現代新書、二〇〇七）
これは裁判員制度全般に関する一般読者向けの新書です。

拙著『批判』＝拙著『裁判員制度批判』（西神田編集室、二〇〇八）
これは裁判員制度に関する専門的な論文集です。
拙著『原論』＝拙著『司法制度改革原論』（悠々社、二〇一一）
これは裁判員制度を含む司法制度全般に関する論文のほか、裁判員制度に関する本の書評などを収録したものです。

注4　本文中の［　］、【　】はすべて私の注記です。

注5　本書ではいくつかの最高裁判決を引用していますが、その全文はいずれも最高裁判所のウェブサイトで見ることができます。

注6　最高裁が平成二四年一二月に発表した「裁判員裁判実施状況の検証報告書」（これはネット上で公開されています）は、客観的なデータとして有用なので、本書では「最高裁報告書」として引用します。

注7　なお、個別にいちいち引用していませんが、左記の文献はいずれも大変有益です。

最高裁判所事務総局刑事局監修
『陪審・参審制度　英国編』（司法協会、一九九九）
『陪審・参審制度　米国編Ⅰ、Ⅱ、Ⅲ』（司法協会、一九九二〜一九九六）
『陪審・参審制度　フランス編』（司法協会、二〇〇一）
『陪審・参審制度　ドイツ編』（司法協会、二〇〇二）
『陪審・参審制度　イタリア編』（司法協会、二〇〇四）

序章　裁判員制度の悲劇とは

はじめに

裁判員法が施行（二〇〇九年五月）されて既に五年がたちました。振り返ってみると、司法制度改革審議会（一九九九〜二〇〇一年）での熱に浮かされたような議論、国会での裁判員法の粗雑な審議、法律成立後の政府・最高裁判所の鳴り物入りの大々的な広報活動などが思い出されます。

この制度は、マスコミの報道が偏っている（本書四三頁「権力に癒着するマスコミの罪」参照）こともあって、一見順調に運営され、重大刑事事件に関する新しい訴訟方式として国民の間に定着しつつあるように見え、そして最高裁判所は現にそういうPRを繰り返しています。しかし、その実情は全くその正反対で、第一線の地方裁判所から最高裁判所に至るまで強引な無法がまかり通って事案の真相を追究するという刑事訴訟の本来の理念はどこかへ吹き飛んでしまい、国民には大変な迷惑がかかり、その上、制度を支える現場の裁判所の職員は疲労困憊状態、というのが現実です。

今や国民は、元々自分たちが求めていたわけでもないこの無理な制度をどんどん見放し、裁判員候補者として裁判所に呼び出されても無視して応じないとか、何かと理由をつけて辞退する者が激増しているので、裁判所は補充裁判員を入れてもほんの八、九人の裁判員を確保するのに四苦八苦という有り様となっています。もう制度自体が危殆に瀕していると言ってもよいでしょう。

私は二〇〇七年に『裁判員制度の正体』（講談社現代新書）という本を書いて、これは刑事司法のシステムとしては実に無理な制度である、被告人にもその犯罪の被害者にも国民にも恐ろしい制度である、ということを訴えたのでしたが、当時はまだ制度施行前でしたから、運用の詳細は判明していない点もありました。しかし、制度施行から数年を経て、その問題点はいよいよ明らかになり、また、当時は予想もできなかった問題が噴出してきて、こういう制度で被告人の運命を決めるのはもうそれ自体が犯罪的ではないかと思われる程の事態に立ち至っているのです。

本書ではこれからそのことを三つの側面から明らかにしていきます。

その一は制度本体の悲劇です（本書第Ⅰ部）。

司法制度改革審議会では、陪審、参審が誤判、冤罪を防ぐという誤解に基づいた不十分な議論しか行われず、陪審賛成派と陪審反対派の単なる妥協の結果として裁判員制度というアイデアが最終答申に盛り込まれ、そして国会では呆れるほど粗雑な審議で法律が成立したのでした。

その二は制度運用の悲劇です（本書第Ⅱ部）。

もともと制度自体に無理があるので、これを運用するのに裁判所も訴訟関係人もそして裁判員として呼び出される国民も大変な苦労を強いられているのですが、それでもなおあちこちで本質的な矛盾が噴き出して、もうどうにもならなくなってきているのです。

その三は最高裁判所の変節の悲劇です（本書第Ⅲ部）。

憲法の番人であるべき最高裁判所は、司法制度改革審議会の初期の頃は、国民が直接被告人の運命を左右できるような制度は憲法違反の疑いがあると言っていたのですが、いつの間にか掌を返し、制度合憲論に転じました。その真の理由は、誤判・冤罪の防止でも司法の民主化でもなく、裁判所内部での刑事裁判官の復権のためという呆れるようなものでしたが、これが裁判員制度を力づくで合憲とした二〇一一年一一月一六日の大法廷判決に至るのです。

本書では、その問題点を、これまで最高裁判所の判決などに縁のなかった人にもなるべくわかりやすく解説していこうと思います。

予備知識その一――陪審制と参審制

まず司法への国民参加を論じるには、その方式には陪審制と参審制の二つがあるということを知っておく必要があります。

陪審制とは、もともと中世のイギリスで始まり、これがアメリカに受け継がれて、英米法系の諸国で相当広く行われている裁判制度です。アメリカの映画やテレビドラマにはよく出てきますから、ご存じの方も多いでしょう。これは被告人の有罪・無罪は陪審だけが決め、有罪となればその後の量刑は裁判官だけが決めるというシステムです。

被告人が確かに自分がやったと認めている場合には事実審理は省略して、後は裁判官の量刑手続だけが残るのですが、被告人が否認している場合には、陪審員を集めて公判を開き、事実審理をしなければなりません。

陪審員は一二名というのが普通で、事件ごとに有権者から抽選で選出します。その陪審員の前で証拠調べをやって、証拠調べが終了すると、陪審員が、被告人は有罪であるか無罪であるかということを判定します。これは「事実」の問題であるとされます。この陪審の評決は、有罪にせよ無罪にせよ全員一致というのが伝統的な方式ですが、変わり者が一人混じっていてもよいように、最近では一一票揃えばよい、という立法例もあるようです(1)。

陪審の評決は、「有罪」か「無罪」かという結論だけで、そう判断した理由はついていません。素人の集団に、そう判断した理由を筋道を立てて説明せよというのは無理だという理由です。この辺も陪審制の限界と言えましょう。

無罪評決なら被告人はそのまま放免されますし、有罪評決なら、今度は裁判官だけが刑を量定します。このように市民から選ばれた者と裁判官との役割がはっきり区分されているのが陪審制の特色で、裁判官は被告人の有罪・無罪の判断には原則として介入することはできませんし、陪審員は裁判官の量刑判断に原則として介入することはできません。

これに対して参審制というのは、ドイツ、フランスなどのヨーロッパ大陸の諸国で行われている裁判制度で、有権者から参審員を選んで裁判に参加させる点において陪審制と同じですが、陪審制と全く異なっているのは、参審制では、事実の認定も量刑も裁判官と参審員とが一緒になって行うということです。つまり、裁判官も事実認定に関与し、参審員も量刑に関与するという点が陪審制と決定的に違います。

そのほか、参審制の陪審制との違いを述べると、

・参審員は有権者からの無作為抽選とは限りません。ドイツでは地元の名士からの推薦制です。
・参審員は事件単位ではなく、任期制であるのが普通です（フランスでは数週間程度、ドイツでは四年。もっとも、任期中にその期間内の全部の事件に関わるわけではありません）。
・裁判官が全体の判断過程に関与していますから、裁判官の筆によって判決理由を伴った判決書が作成されます。

我が裁判員制度は、裁判官と裁判員が一緒になって事実の認定もし、量刑もしますから、明らかに陪審制ではなく、参審制の一種です。但し、裁判員に任期はなく、事件単位であるというこの一点だけは陪審制と共通しています。

（1）有罪にせよ無罪にせよ、陪審員の判断が割れてどうしても規定の票数（一一票なり一二票なり）に達しない場合には、「評決不能」という事態になって、陪審員を選任し直し、新しい陪審員の前で証拠調べを最初から全部やり直します。

陪審制擁護論者の中には、陪審は、被告人が有罪であるか無罪であるかを決めるのではなく、被告人を有罪と判断できるだけの証拠があるかどうかを決めるのだという人もいますが……そして我が国の刑事裁判は昔も今もそういうものですが……、陪審制は伝統的にはこのように、被告人が有罪であるのか無罪であるのかということを全員一致で決めてきました。

予備知識その二——我が国の誤判

この先の議論においては、時々昭和五〇年代の再審無罪事件が出てきますので、それもここで解説しておきます。死刑が確定していた事件四件が昭和五〇年代後半以降に相次いで再審で無罪になったということがあり、当時大問題となったのです。その四件とは次のようなものです。

①「免田事件」 一九四八年一二月三〇日に熊本県人吉市で夫婦二人が殺害され、娘二人が重傷を負わされて、現金が盗まれた事件。判決は一審から死刑。最高裁が上告を棄却して、一九五二年に死刑確定。一九八三年に再審無罪判決。

②「財田川事件」 一九五〇年二月二八日に香川県三豊郡財田村（現三豊市）で発生した強盗殺人事件。判決は一審から死刑。最高裁が上告を棄却して、一九五七年に死刑確定。一九八四年再審無罪判決。

③「松山事件」 一九五五年一〇月一八日に宮城県志田郡松山町で発生した放火殺人事件。判決は一審から死刑。最高裁が上告を棄却して、一九六〇年に死刑確定。一九八四年に再審無罪判決。

④「島田事件」 一九五四年静岡県島田市で発生した幼女誘拐殺人・死体遺棄事件。判決は一審から死刑、最高裁が上告を棄却して一九八六年に死刑確定。一九八九年再審無罪判決。

なお、これらの事件がいずれも冤罪であったことは間違いありませんが、「誤判」と呼ぶべきものかどうかということについては注意を要します。これは誤判という用語をどう定義するかという言葉の問題ですが、客観的に真実に反していた裁判をすべて誤判と呼ぶならこれらの事件は誤判です。

しかし、裁判官が過失で判断を誤った事件を誤判と呼ぶなら、これらが誤判であったかどうかを判断するには、当時の全証拠を検討し直してみなければなりません。当時の証拠から見れば裁判官のその判断はやむを得ないものであったという可能性もあり得るからです。特に、これらの事件はいずれも、警察の拷問による自白強制とか鑑定の誤りという問題も付随していたので、こういう「誤判」は陪審制なら防げるというものではありません。陪審も同じ証拠なら同じ判断をしていたかもしれないからです。特に陪審には無実の者を有罪とする冤罪が大変多いことは後に改めて触れます（本書一七六頁「陪審による誤判」）。

予備知識その三――我が国の陪審制

我が国でも一時、小規模な陪審制が行われていたことがあります。一九二八年から一九四三年まで特殊な陪審制が実施されていました。

国民の中から事件単位で一二名の陪審員（一定以上の資産を有する男子のみ）を抽選で選んで審理に立ち会わせ、事実問題に関して被告人の運命に関する結論を出させる点は英米の陪審制と共通ですが、いくつか決定的な相違がありました。

① 裁判官は陪審の評決に拘束されず、その評決を受け入れられないと考えた時は別の陪審の再審理に付すことができた。

② 陪審の評決は多数決でよかった。
③ 陪審審理の対象となる犯罪類型に制約が多かった。
④ 陪審の評決に基づく判決には控訴ができなかった（上告は可）。

という制度だったのです。そして、被告人は陪審審理を自由に辞退することができました。

このように不都合が多かったので、あまり利用されなかったのですが、一九四一年に太平洋戦争が勃発し、段々戦局が厳しくなってきたので、陪審裁判どころではなくなり、一九四三年に陪審制を「停止」しました。

この時は、戦争が終わったらまた陪審制を復活する予定だったのですが、戦争が完全な敗戦で終わった後は、憲法も刑事訴訟法も全面的に改正された結果として陪審制のない刑事裁判制度が始まり、そのまま半世紀以上がたったのです。

この間、陪審制を復活させようという動きは多少あったものの、新しい憲法下で陪審が可能なのかという問題もあって、政府や国会を動かすには至らないままに司法制度改革審議会の発足に至りました。

第Ⅰ部　裁判員制度の概要——制度の悲劇

第1章　裁判員制度はどのようにしてできたのか

さて、問題の根源は元々どこに胚胎していたのかということを知るため、この第Ⅰ部では制度の出自と制度の概要を見ておくことにします。

司法制度改革審議会

裁判員制度の産みの親は司法制度改革審議会（一九九九～二〇〇一年）という内閣直属の審議会でした。この審議会は、第二次大戦直後にできたそれまでの司法制度や法律家の制度を全面的に見直すための審議会で、そこで最初から予定されていた主要なテーマのうちの一つが司法への国民参加（陪審制、参審制）だったのです（もう一つは法科大学院を前提とする法曹養成制度）。

この審議会の特色の一つは、訴訟制度や法律家のシステムという、極めて専門的、技術的な論点を議論するのに、一三名の委員のうち、法律専門家が半分以下の六名しかおらず、しかもそのうちの半分の三名は学者（憲法、民事訴訟法、刑事訴訟法）で訴訟実務の経験がなく、法廷での経験があるのは三名（民事裁判官OB、検察官OB、弁護士）しかいなかったということです。他の七名は、経済学者、会計学者、会社経営者（二名）、市民団体役員、労働団体役員、作家で、訴訟にも法律にも法律家にも縁のない人たちでした。

何故こういう構成にしたのかよくわかりませんが、訴訟のシステムを決めようとするのに訴訟には素人という人のほうを多くして議論させたのは、私には失敗であったと思われます。審議会の議事録を見ればわかることですが、法律家でない委員は法律専門家委員の発言の前に委縮しがちでしたし、他方、法律家でない委員で発言の多い人は素人としての思い込みに基づくものが多く、どうしても実り豊かな議論にはなりませんでした。特に、刑事裁判の話をしようというのに刑事専門の裁判官（又はそのＯＢ）がいなかったのは致命的にまずかったと思います。

委員全員を法律専門家にして現実的な議論をさせるか、あるいは逆に委員全員を非法律家にして基本的な方向だけの議論にさせるかにすべきだったでしょう。専門家半分、非専門家半分、という会議ではどうしても中途半端なものにしかなりません。

また、この審議会は、二年間の間に六〇回以上の会議を開くなど、精力的に活動したのは確かですが、論点が多すぎた上、刑事司法についてこれまで経験のないシステムを取り入れようとするのに、審議期間が二年間しかないというのは明らかに拙速でした。

ともあれ、この審議会が、二〇〇一年六月一二日の最終意見書で、刑事裁判については、

「司法の国民的基盤をより強固なものとして確立する」ため、「法定刑の重い重大犯罪」につき、「一般の国民が、裁判官とともに責任を分担しつつ協働し、裁判内容の決定に主体的、実質的に関与することができる新たな制度を導入すべきである」（そのほか、裁判官又は裁判員のみの多数では被告人に不利益な決定はできない。裁判員は有権者からの無作為抽出。裁判員候補者に出頭義務あり。裁判員は事件単位。

被告人の辞退権なし。判決書の内容は従前通り。当事者からの事実誤認又は量刑不当による控訴可等）。
という提言を出し、これがその後の我が国の刑事司法の運命を決めました。

裁判員制度の目的

この参加制度の目的は、「司法の国民的基盤をより強固なものとする」というのですが、そもそも「司法の国民的基盤」とは一体何かという問題があります。また、現在の司法の国民的基盤とはどの程度のものなのでしょうか。さらに、それまではどうだったのでしょうか。審議会は、これらについて何の議論も検討もしていません。

また、審議会の意見書は、裁判員制度によって国民の司法に対する理解・支持が深まるとも言っているのですが、その根拠も十分ではありません。この意見を正しいとするためには、現在のところは国民の司法に対する理解や支持は浅い、不十分である、ということにしなければなりませんが、そう判断すべき根拠はないし、審議会でそうかどうかということを調査、検討、議論したわけでもありません。

さらに、司法に対する国民の理解や支持を増進するためには裁判員制度でなければならないという必然性もありません。国民の司法に対する理解、支持を増進したいというのであれば、そのための方策は他にいくらでもあり得るはず（例えば、中学、高校で、我が国の司法制度の基本的事項を教える）で、裁判員制度などという迷惑で危なっかしい裁判制度を大々的に導入する必要はなかったのです。

要するに、次の項で説明する通り、裁判員制度というものは審議会での陪審派と反陪審派の妥協の結果に過ぎなかったのですから、明快で力強い制度目的など意見書で展開できるはずもなく、提言すべき制度を決めてからその目的を法務官僚の作文で編み出したというのが現実でした。

妥協の産物

審議会による裁判員制度の提言ですが、これは審議会において陪審派と反陪審派が激突した結果としての双方の妥協の産物以外の何物でもありませんでした。

陪審導入派は、前記のように昭和五〇年代に死刑確定事件四件が再審で無罪になるという誤判、冤罪が相次いだのは我が国が陪審制を採用していなかったからだ、だから誤判・冤罪を防ぐために陪審制の導入が急務だと強硬に唱え、他方、陪審導入反対派は、陪審には却って誤判・冤罪が多く、真実を追求するには向いていない、と主張して、双方が激突し、特に陪審制導入論者は陪審制に入れ込む余りほとんど熱に憑かれたような発言をしていたので[1]、議論は全く進まないという状況でした。そこで審議会の会長が双方をなだめるために、陪審でも参審でもない日本独自の制度を考えようと言って無理にその場を収め、そしてその後、裁判員制度の原型となった「たたき台」が出てきて、最終的には参審制の一種である裁判員制度で落ち着いたのです[2]。

この最終結論に対し、陪審派は、完全な陪審制の導入の確立はできなかったけれども、国民参加の足がかりはできたから、後はこれをなるべく陪審制に近づけて運用すればよいと考え、他方、反陪審派は、国民参加全体を封じることはできなかったものの、とにかく陪審制は防いだと考えて、最終意見書の表現の限度で、つまり個別の用語の使い方まで争った結果として、双方の間にしぶしぶ合意が成立したのでした。ですから、この裁判員制度が我が国の刑事司法のあり方として最も望ましいものである、適切なものである、国民の期待に応えるものである、と考えていた委員は多分一人もいなかったでしょう。

これから少なくとも半世紀は続くであろう司法制度がこのような妥協によって決まったのが現実で、陪審制との距離をどう設定するかということについては双方の間に熾烈な綱引きが展開され、裁判官と裁判員の人数比はここではついに決めることができませんでした。

陪審賛成派は、この裁判員制度を極力陪審制に近いように運用しようとして、裁判官数はなるべく少なく（例えば一名）、裁判員数はなるべく多く（例えば一一名。これだと裁判官と合わせると合計一二名となって典型的な陪審と同じ人数になります）しようとし、陪審反対派は、この制度をなるべく陪審制から離して運用しようとして、裁判官数はなるべく多く（例えば三名。これだと現行の重大事件の裁判官数と同じ）、裁判員数はなるべく少なく（例えば二名。ドイツの参審制はこれ）しようとしたのです。

（1）　第三一回審議会（二〇〇〇年九月一八日）の議事録には、こういうやり取りがあります。ある委員が、陪審制では誤判が増えるというある学者（光栄なことに私です）の論文を紹介したところ、ある陪審賛成派の委員が、「ただいまの〇〇さんのおっしゃっている陪審になれば誤判が多くなる、真実発見が遅れる、そのことを覚悟してやるのか。私はそういう話には本当に憤りを持って反論しなければいけない。それでは、職業裁判官が一体どういうことをやってきたのか。戦後我々日弁連が支持して再審で無罪を勝ち取っただけでも一二例、吉田石松さんから始まって、吉田勇さんに至るまで、再審無罪になっている事件があって、そのうちの四例はまさに死刑なんです。死刑判決が無罪になっているんですよ、再審において。職業的裁判官がやった裁判が、人を死刑にするという判決を確定させるところまで行っているんですよ。何をあんたら、まるで職業裁判官に誤りの無いように言う。だから言っているでしょう。玄人で専門家の間で言えば、我々に任せておけと言わはるけど、とんでもない。この事件のためにどれだけ多くの手間を、多くの弁護人が、死刑の恐怖に震えてきた人たちというものを、何とお考えになって、陪審だったら誤判が多くなる。それを覚悟で入れろなんて、私は○○さんの先ほどの意見は余りにもむちゃくちゃな議論だ。私にとっては到底認めることもできない議論ですね、こんなことは」（傍点引用者）と興奮状態で反論しました。

陪審制が誤判・冤罪を防ぐという一部の陪審派委員の堅い信念はもうほとんど宗教的な域に達していて、アメリカでは死刑囚の中から数百件の無実事例が発見されたという数字に基づく冷静な指摘（本書一七六頁「陪審による誤判」参照）さえも全く受け付けない状態でした。

（2）　この辺の詳細については、拙著『批判』一一七頁以下。

陪審制の亡霊

しかし、審議会の答申は裁判員制度の骨格を決めて提言しただけで、その立法化にはまだまだ詳細を詰めなければなりません。そこで今度は法務省内に「裁判員制度・刑事検討会」という組織ができ、そこで法律専門家十数名が制度の具体化、手続の詳細という細かい制度設計の議論をしてゆくことになりました。

そこで最大の論点となったのは、やはりこの制度下において裁判官と裁判員の人数比をどうするかということです。しかし、ここでも陪審制との位置づけをどうするのかという最大の論点については結局結論を出すことができませんでした。司法制度改革審議会では参審制の一種である裁判員制度が採用されて陪審制は否定されたはずですが、陪審制の亡霊はまだ生きていたようなものだと評することができるでしょう。最終的に、裁判官三名、裁判員六名と決めたのは裁判員法を制定した国会です。

ただし、国会での裁判員法の審議は実に粗雑なものでした。我が国の司法史上例のない一大変革をしようというのに、衆議院での審議期間は三週間で本会議では全員賛成、参議院での審議期間は僅か一週間余りで本会議では二人を除いて他は全員が賛成でした。私は、当時の国会議員たちがこの制度の深刻な問題点をどこまで理解していたのか疑問が大きいと思っています。

審議会で議論しなかったこと

刑事裁判について審議会で議論しておくべきであったにもかかわらず、実はしていなかったという項目は実はたくさんあるのです。思いつくままに列挙してみましょう。

①　裁判の理想は結果が適正であり、手続が迅速であることだが、この両者は本質的に両立し難い。審議会はこの両者の調和、兼ね合いについて十分に考え抜いたのか。そして裁判員制度ではそれがどうなるのか。

②　今までの裁判で誤判とされたものについて、その原因と対策を十分に究明したのか。そしてその研究成果を新時代の裁判に生かすにはどうしたらよいのか。

③　国民の司法参加は誤判を防ぐか。仮にそうだとしたら、それはどのようなメカニズムによるのか。

④　国民は司法参加を求めているのか。
⑤　国民はどこまで司法参加に協力してくれそうか。
⑥　裁判員制度で、刑事裁判のどこがどうよくなるのか。
⑦　裁判員制度のために審理が粗雑になることはないのか。
⑧　裁判員制度で事案の真相を明らかにする（刑事訴訟法一条）ことができるか。できるとすれば、それはどのようなメカニズムによるのか。
⑨　弁護士は裁判員裁判に対応できるか。
⑩　裁判員制度は被告人、犯罪被害者、そして国民にどのような負担をもたらすか。
⑪　裁判員制度は現行の刑法や刑事訴訟法の体系に調和するか。

こういう重要な事項を全然議論、検討せずにこれまでの裁判方式とはまるで様子の違うシステムを導入しようというのですから、その軽率さ、無謀さに驚かざるを得ないのですが、これが裁判員制度を生み出した審議会の現実でした。

昭和五〇年代に、確定していた死刑判決が再審で覆されるという重大な事象が四件相次いだことは先に述べましたが、その原因が四件に共通であったはずはないので、審議会としては、このような不都合が今後絶対に生じないよう、この血の出るように貴重な教訓に基づいて、それぞれの冤罪の原因を徹底的に追究すべきでした。しかし、審議会で陪審派の委員たちは、その四件の問題点の内容を個別具体的に検討しようとすることは全くなく、ただこれらを陪審制導入という己れの目的に利用しようとしただけだったのです。そして審議会は、妥協の結果として裁判員制度という愚策に走りました。本書で私は、「審議会は何も考えていなかった」という表現を何回か使っていますが、これは誇張ではなく、実際にこう言われても仕方のない有様だったのです。

「裁判員」という用語

なお、「裁判員」という用語についてここで触れておきます。

この「裁判員」という用語は、司法制度改革審議会での制度推進派のある学者の暫定的語法から生じたとされていて、そのご本人もこれは自分が思いついた用語だと言っています(3)。

しかし、これが、我が国の法制史上、裁判員法以前には裁判員という用語が現れたことはないという意味であるなら、それは誤りです。

大久保太郎氏（元東京高裁部総括裁判官）の研究によると、我が法制史上には既に「裁判員」という用語の先例があり、一八八九年の旧皇室典範四九条に「裁判員」という用語が使われていて、これがこの用語の先蹤であろうとのことです(4)。

それどころか、この「裁判員」という用語は、一九四七年以来の現行法体制の中でずっと使われてきたのであって、現行法制の中でその用語が生きています。裁判官弾劾法（昭和二二年法律第一三七号）と国会法（昭和二二年法律第七九号。弾劾裁判所関係）がそれです。

国会法はともかく、裁判官弾劾法は我が国の司法制度の根幹をなす法律の一つですが、司法制度改革審議会の委員や参考人たちは実はこういう基本的な内容を知らずに議論をしていたのかもしれません。

（3）松尾浩也『来し方の記』（有斐閣、二〇〇八）二五四頁。
（4）大久保太郎「マスコミが報道しない裁判員裁判の真実」『正論』二〇一二年八月号二五五頁注四。

第2章　裁判員制度とはどのようなものか

裁判員審理の対象事件とその例外

次に、裁判員制度の概略を説明します。これは一定以上の重大犯罪について、その一審の裁判を、裁判官三名に国民の間から抽選で選出された裁判員六名を加えた九名の法廷で審理判断して結論を出すという、一種の参審制度です。

まず、裁判員審理の対象となる重大犯罪とは、

① 法定刑が死刑又は無期懲役・無期禁錮にあたる事件

② 右の①以外でも故意の犯罪行為により被害者を死亡させた事件

の原則として全部で（裁判員法二条一項）、殺人、殺人未遂、強姦致死傷、強盗殺人などがその典型ですが、極めて狭い例外が設けられていて、それは次のような場合です。こういう事件は裁判員審理の対象にならず、裁判官だけの審理になります（裁判員法三条一項）。

それは、

被告人の言動、被告人が加入している団体の主張やその団体の他の構成員の言動、裁判員に対する加害の告知又は実行などにより、裁判員候補者、裁判員、元裁判員、又はその親族などの生命、身体、

財産に危害が加えられる恐れ、又は平穏な生活が著しく侵害される恐れがあり、そのために裁判員候補者、裁判員が畏怖し、その結果、裁判員候補者の出頭を確保することが困難な状況にあり、又は裁判員の職務の遂行ができず、これに代わる裁判員の選任も困難であると認められる場合です。例えば暴力団の組長が被告人で、裁判員候補者が組員の報復を恐れる現実的な危険性が認められるというような場合にはこれに該当するでしょう。しかし、これは要件を極めて厳重に制限しており、裁判員制度になるべく例外を作りたくないし、使わせたくもない、一定以上の事件は全部裁判員審理の対象としたいという当時の立法者（条文を作った法務官僚とそれに国会で賛成した国会議員たち。本書では何度か「立法者」という言葉を用いていますが、この意味です）の意図がよく伝わってくる条文と言ってよいでしょう。

なお、最高裁報告書（一頁）によれば、それまでにこの除外決定がされた被告人は二一人です。

裁判員選任手続の進行

裁判員は有権者の中から抽選で選出されるわけですが、そのプロセスは次のようになります。

① 有権者の名簿を持っているのは各自治体の選挙管理委員会ですから、毎年秋に、各地方裁判所は、翌年に裁判員選出の母体となる裁判員候補者の必要数を予想し、これを管内の各市町村に割り振ります。そして各市町村の選挙管理委員会は有権者名簿から抽選で裁判員候補者予定者を選出し（一回目の抽選）、その予定者名簿を各地裁に送付します。裁判所はこれに基づいて裁判員候補者名簿を作成して、各本人に通知します（裁判員法二一条〜二三条）。これは翌年分の裁判員候補者になった、だから何か事件があ

れば裁判員になるかもしれないというだけの通知で、裁判員になるとは限りません。事件がないまま一年が過ぎるかもしれないし、事件があっても、裁判員にならずに済む事情があるかもしれません。また、以下に出てくる二回目、三回目の抽選で外れるかもしれません。

また、裁判員候補者に一般的な事情を聴くアンケート用紙もここで一緒に送り、そもそも裁判員にはなれないという人からはこの段階でその申出を待ちます。

② 何かの重大事件が発生し、警察・検察の捜査を経て検察官が裁判員審理の対象となる事件を起訴すると、裁判所、検察官、被告人・弁護側の三者で公判前整理手続という手続が行われます（裁判員法四九条）。裁判員審理では、呼び出される国民側の都合を優先して、審理はいつからいつまでの何日、その内容はしかじか、評議はいつからいつまでの何日、判決は何日、と予め決めておくのです（その詳細は本書七五頁「公判前整理手続とは」参照）。

そして、公判と評議は何月何日から何日間、と決まると、裁判所は裁判員候補者の名簿からその事件の審理に必要と思われるだけの数の者を抽選で選出し（二回目の抽選）、第一回公判期日（又はこれに先行する独自の裁判員選任期日）に裁判所での裁判員選任手続に出席せよ[1]という呼出状を送ります（裁判員法二六条～二七条）。

③ 第一回公判期日（又は裁判員選任期日）において、裁判所は出席した候補者からその事件の審理に必要な（正）裁判員六名と補充裁判員二、三名を選び出します。

まず裁判長が出席した各候補者に裁判員となることへの支障の有無を確認します。一種の面接審査ということになります（裁判員法三四条）。法令上裁判員になれない人、又は事件に何らかの関係があってその事件の裁判員にはなれない人はもとより、その人の個人的な都合で裁判員どころではないという人も今ではこの段階でどんどん「免除」されているようです(2)。

この席で検察官と弁護人は候補者に直接質問することはできませんが、あの人にこういうことを聞いてくれと裁判長に申し出ることはできます。もっとも、その質問を採用するかどうかは裁判長の裁量です。

④　次の項目で説明する「忌避」にも該当せず、その事件の裁判員となることに支障のない人だけが残ると、そのグループの中から裁判所が三回目となる最後の抽選を行って、本当の裁判員及び補充裁判員を選出します（裁判員法三七条）。

従って、ここまできてこの最後の抽選で外れる人もいるわけです。

（1）条文上の表現は「出頭」ですが、この尊大な官僚用語は、政府・裁判所に、国民に裁判に協力してもらうのだという発想、姿勢がないことをよく表していると思うので、私は本書でこの言葉を引用部分以外ではなるべく使用しないことにします。

（2）「免除」と「　」をつけたのは、法律上はこういう制度はないからです。しかし、裁判長は、各候補者を最終抽選に残すかどうかということについて事実上広範な裁量権を有しているので、免除と表現してもよいでしょう。

裁判員の忌避

裁判員選任期日において、当事者である検察官と被告・弁護側は、法律上裁判員になれないはずの人についてはその理由を明らかにして不選任の申立をすることができますが、この他にそれぞれ四人まで（補充裁判員を置くときは、補充裁判員の数次第でさらにもう一～三名）、候補者のうちでこの人は困る、外してくれ、と申し出ることができます。そしてこの四人枠の行使についてはその理由を述べる必要はありません（裁判員法三六条）。

これを法文上は「理由を示さない不選任の請求」といい、この請求があれば、裁判所はその人を必ず裁判員選任の対象から外さねばなりません。これは陪審国でも参審国でも行われている忌避制度（この人は陪審員、参審員から外してくれという申立）にならったものです。我が裁判員制度の下での状況について、最高裁報告書によると、事件一件当たり三、四件あるものの、年々減少傾向にあるとのことです（同報告書六頁、四八頁図表五）。

「理由を示さない」というのは、理由を示せということにすると、当事者としてはその理由として「この人は不公平な裁判をするおそれがあるから」と言わざるを得ないのですが、我が国でそう言うと、それはその人の人間性そのものへの挑戦、否定と受け取られがちです。世間には、その事件の審理判断をさせることが適当かどうかという個別的な判断と人格全体の判断とを冷静に区分できる人が少ない[3]ので、不選任の請求にいちいちその理由は要らないということにしたのです。

もっとも、国民側からすれば、ここで検察官又は弁護人からこの不選任の請求をしてもらえば、合法的に裁判員の義務を免れることができます。陪審制諸国では、陪審員の義務を免れたい人が、陪審員選任手続の段階で当事者にさりげなく偏見を印象づけ（例えば、裁判長の面接審査段階で、「火のない所に煙は立たないのだから、起訴された以上何かやっているに違いない」などと言う）、当事者から忌避の申立が出るのを待つ、ということは一つの技術として確立しています。

（3）　拙著『裁判の過程』（判例タイムズ社、一九九五）九頁以下参照。

補充裁判員

補充裁判員というのは、公判中に何らかの理由で（正）裁判員が欠けた場合に備えて、あらかじめ決めておく予備の裁判員で、補充裁判員を置くかどうか、置くとして何名置くかということは、その事件を担当する裁判所の裁量に任されています（裁判員法二六条一項）。

公判中に何らかの事情で（死亡した、病気になった、公判で血なまぐさい現場写真を見せられて倒れた[4]、突然公判に出てこなくなった等）裁判員が欠けた場合、残った者だけで審理判断するということはできず、裁判官は必ず三名、裁判員は必ず六名必要です。

しかし、そうなった場合に、足りない分を補充するためにその段階で新たに裁判員候補者を集めてくじで選任するということは大変ですから、事前に予備の裁判員をも決めておいて、裁判員に事故があった場合には補充裁判員からかねて決めておいた順番（裁判員法三七条二項）で裁判員に繰り上げるというシステムが取られています。補充裁判員もそれまでの公判全部に立ち会っていますから、証拠の内容も全部承知しているはずで、急に繰り上がることになっても支障はないだろうというわけです。しかし、最後まで本来の裁判員に何の事故もなければ補充裁判員の出番も最後までありません。

この補充裁判員の立場は何とも気の毒なもので、本来の裁判員同様、身元を洗われ、プライバシーの侵害となるような詳細な質問を浴びた上で、公判の全部に出席する義務があります。それでいて、最後まで本来の裁判員に何の事故もなければ、はい、ご苦労さまでした、お引き取り下さい、と言われるのです。そして、任務終了後の一生の秘密保持に関する義務と責任も本来の裁判員と同じです。

裁判員法上、公判の全部に出席する義務がある補充裁判員にできることは、訴訟に関する書類及び証拠物を閲覧すること（裁判員法一〇条三項）、評議を傍聴することだけで、評議で意見を述べるにも裁判所の許可が必要です（同法六九条一項）。本来の裁判員なら、証人尋問、被告人質問の際に尋問、質問をすることができますが、補充裁判員にはそういう権限もありません。

このように補充裁判員の地位はばかばかしいと言ってよいようなものですが、本来の裁判員が最後まで欠けることはないという保障がない以上、どうしても予備を設けておかなければなりません(5)。これは司法への国民参加を実施している国の全部がそうです。そこで裁判所は、補充裁判員が自分の地位のばかばかしさに呆れて途中で逃げ出さないよう、違法を承知でさまざまなサービスをしているようです（本書六九頁「裁判所のありさま」①）。

（4）　実例があります（『朝日新聞』二〇一二年七月一八日）。

（5）　陪審制の評議を極端に美化して描いた『怒れる一二人の男たち』というアメリカ映画をご覧になった人も多いでしょう。あの映画の冒頭で、裁判官が何かを言った後、二人の男が立ち上がって法廷を出ていく場面がありました。あれは、証拠調べが全部無事に終わったので、裁判官が「予備陪審員は任務解除」と言ったのです。この後は（正）陪審員の評議だけなので、予備だった陪審員はもうこれで帰ってよい、という意味です。

補充裁判員を使い切った場合

事件によっては、公判中にどんどん裁判員が欠け、そこで補充裁判員をどんどん裁判員に繰り上げていったけれども、さらに裁判員が欠けた、しかし補充裁判員はすべて使いきっていて、もう予備がない、ということがあり得るでしょう。

日本では、どんな重大事件でも裁判員審理では一週間程度で終わるように審理そのものを極端に圧縮しているので、こういう事例が発生することは稀だと思いますが、(6) 想定としては考えておかねばなりません。

司法への国民参加である陪審制、参審制を採用している諸国では、こういう場合は必ず、陪審員、参審員を全部改めて選び直した上、審理を最初から全部やり直すことにしています。それにはもちろん、大変な手数がかかりますし、何度も呼び出される証人も迷惑です。また、前の証人尋問は失敗だったと思っている当事者が今度は「学習」の結果として違う尋問をして、聞く方の印象が変わってしまうかもしれません。しかしそれでも、途中で新しい陪審員・参審員が加わって、証人尋問を生で聞いた陪審員・参審員と聞いていない陪審員・参審員が一緒になって評議をするという無法な状態よりはずっとましだと考えられているからです。

ところが、我が裁判員制度の場合にはそうではなく、裁判員が足りなくなった場合には、裁判員を追加選任し、審理の最初からの裁判員と途中から加わった新たな裁判員が一緒になって審理を続行するという驚くべきシステムを採用しました（裁判員法三八条一項）。そうすると、その新しい裁判員はそれまでの審理の経過、内容をどうやって頭に入れるのか、という問題が当然発生します。そして裁判員法は、こういう場合には「公判手続を更新」するのだと定めています（法六一条一項）。この更新の手続は、「新たに加わった裁判員が、争点及び取り調べた証拠を理解することができ、かつ、その負担が過重にならないようなものとしなければならない。」（同条二項）というのです。

これを実際にどうやるのかということはまだはっきりしないところもありますが、義務教育終了だけを要件として選任された新裁判員の「負担が過重にならないよう」にするためには、公判期日以外の日に時間を取って裁判所に来て、訴訟記録を見てくれ、あるいは、証人尋問を録画したDVDを見てくれ、というのはとても無理ですから、裁判長が、これはこういう事件で、争点はこういうものだ、これまでに証人某はこんな証言をし、被告人はこんな供述をした、と解説（レクチャー）して済ませることが想像されます。裁判員法が言っているのもそういう意味でしょう。結局、その新しい裁判員の心証を決めるのは証拠本体ではなく、裁判長のレクチャー次第ということになります。

裁判員法が手続の更新にこれほど乱暴なシステムを採用したその真意としては、要するに国民参加はその形だけあればよい、本当に国民の意見を聞いて彼らに決めさせるという発想は最初からない、裁判官三名がいるのだから実質的には裁判官が決めることになるのだし、それで十分だ、ということにあったのだろうと想像されます。

ここで思い出されるのは、参審制合憲・制度賛成のある学者が、ある論文で「（参審制度下では）どのような裁判結果になるかは、職業裁判官の説得の努力の結果いかんによるのである」と書いていたことです(7)。つまり、裁判員制度のような参審制では、裁判官の説得次第でどんな結論にもできるのだから、参審員（裁判員）はどんな人であってもよい、途中から入って来て証拠調べの前半は知らない人であっても構わない、手続をうるさく言う必要はなく、法定の数さえ揃っていればよい、後は裁判官の説得次第だということになります。これはもう「国民の司法参加」に関して語るに落ちたものと言うべきでしょう。

(6) ある新聞記事(『朝日新聞』二〇一四年一月一六日付。見出しは「そして誰もいなくなった」)によると、水戸地裁で、ある放火事件の裁判員審理において、途中で裁判員一名が「辞任」を申し出、これを受けた裁判所が当該裁判員を解任したことにより、既に予定されていた期日を取り消し、別途期日を指定しようとしたところ、他の裁判員五名全員から「辞任」の申出があり、裁判所はその全員を解任したとのことです(裁判員には「辞任」の権限はなく、裁判所に「解任」してもらうほかはないのですが、首尾よく解任してもらえば辞任同様、裁判員を辞めることができます)。こういう場合は、裁判所は新たに全裁判員を選び直して公判を続行するほかはないのですが、新しい裁判員にそれまで進んでいた公判の状況をどう把握してもらうかという問題があります。この記事ではさりげなく「新たな裁判員には、初公判の内容を伝えて公判を再開する」と報じていますが、誰が、初公判の内容のうちの何を、どのように、「伝える」のでしょうか。

(7) 平良木登規男「参審制度導入のいくつかの問題点(下)」『法曹時報』五三巻二号(二〇〇一)四頁。

公　判

公判については、法令上は、裁判官だけの審理の場合と大きな相違はありません。違うのは、裁判員も証人、被告人に質問ができるということと、裁判官、検察官、弁護人が素人が参加していることを念頭に置いて、極力わかりやすい言葉を使おうとしていることくらいでしょう。

しかし実際には、どんな証拠をどんな順番でどれ位の時間をかけて調べるかということが全部事前に決まっているので、相当形式性（儀式性と言ってもよいでしょう）の強いものになっています。

証拠調べが全部終わった後、検察官の論告求刑と弁護人の最終弁論がありますが、裁判員は最後の結論（判決内容）を決める立場なので、検察官も弁護人も、素人にもわかりやすい表現で、そして裁判員の印象に残るようなものを心がけるでしょう。例えば、これまでは検察官も弁護人も書面を用意しておいて、それを読み上げて済ませることが普通でしたが、今は、とにかく裁判員に訴えることが大切だというので、徹底的にリハーサルを繰り返し、文書の内容を丸暗記して、裁判員に語りかけ、その感性に訴えかけるようになっているようです。

評　議

審理終結後に、被告人の有罪・無罪と、有罪の場合の量刑を決める評議は、裁判官と裁判員が一緒にやり、全員一致の結論に至らない場合には多数決で決めます。裁判官の一票と裁判員の一票の重みは同じです。

しかし、我が裁判員法にはこの評議についてユニークな条文があります。法六七条一項がそれで、「……評議における裁判員の関与する判断は……構成裁判官及び裁判員の双方の意見を含む合議体の員数の過半数の意見による」と規定しています。つまり、何かを決めるには、その中に裁判官票が一票は入っていなければならないというのです。

これは何かを積極的に判断する場合の話で、積極的に何かを決めるのではないという場合はその中に裁判官票はなくても多数決で決まります。例えば、有罪判断は、被告人はこういう行為をした、と認定するわけなので、その中に裁判官票が最低でも一票は必要ですが、積極的に有罪判断ができる場合以外は全部無罪ですから、無罪判断には裁判官票が入っていなくても構いません。例えばある事件において、裁判官三名が皆無罪意見、裁判員六名が皆有罪意見の場合には、被告人は無罪です。単純多数決では六：三で一見有罪になりそうですが、有罪意見の中に「構成裁判官」の票は含まれていないので、積極的な有罪判断ができないという理由によります。

量刑については、同条二項で「刑の量定について意見が分かれ、その説が各々、構成裁判官及び裁判員の双方の意見を含む合議体の意見の過半数の意見にならないときは、その合議体の判断は、構成裁判官及び裁判員の双方の意見を含む合議体の員数の過半数になるまで、被告人に最も不利な意見を順次利益な意見の数に加え、その中で最も利益な意見による」と定めています。

これも一見しただけではわかりにくい規定ですが、要するに、こういうことです。ある事件において、有罪の被告人に対する量刑意見が、

甲説　懲役一〇年　　裁判員a
乙説　懲役九年　　裁判官A、裁判員b、c
丙説　懲役八年　　裁判官B、裁判員d
丁説　懲役七年　　裁判官C、裁判員e、f

と分かれたとします。どの意見も過半数（五票）には届いていません。ここで「被告人に最も不利な意見」というのは甲説ですから、その票を次に被告人に有利な意見、つまり乙説に加えると、裁判官一票、裁判員三票の合計四票になります。しかしまだ過半数には届いていないので、この数をその次に被告人に有利な丙説に加えると、裁判官二票、裁判員四票の合計六票の過半数になり、しかも、これには裁判官の意見と裁判員の意見の双方が含まれています。

そこでこの甲、乙、丙の中で最も被告人に有利な意見、つまり丙説（懲役八年）というのが裁判所の結論になります。

もっとも、段階的な量刑判断の場合には、実際に各人がここまで自分の意見にこだわることはあまり考えられず、評議の過程で議論を重ねていくうちにおのずから一つの意見に収束してゆくものと思われます。

差戻審

一審判決に対し、どちらかの当事者にでも（場合によっては双方）不服があると、高裁へ控訴することができます。国民参加制度の下での控訴審のあり方については悩ましい問題があるのですが、それは後に触れる（本書一二三頁「控訴審の扱い」）ことにして、システムの大きな問題としては、高裁が一審判決を不当だと言って破棄した後、事件を一審に差し戻した場合にはどうなるのか、というものがあります。

一審判決破棄の後、高裁がその事件に対してそのまま自分のところで判断を示してくれれば（これを俗に「自判」と言います）話は簡単なのですが、一審でもっとよく調べ直せ、と言って事件を一審に差し戻した場合には面倒な問題が生じます。

司法への国民参加の理念からすれば、高裁が元の判決がおかしいと考えた場合には、自分の所で直接結論を出すのではなく、再度一審で裁判員を集め直して審理させ、改めて国民の感覚が反映した判決を出させるべきだということになるでしょう。国民参加諸国ではたいていそうしています。

そして二度目の一審では、元来が裁判員審理の対象となるべき事件だったのですから、今度も裁判員審理となります。新しく裁判員を集め直すのです。

ここでの問題は、元の一審でやった証拠調べの結果はどうなるのかということで、司法への国民参加を実施している国ではすべて、元の一審の証拠調べは全くなかったことにして、公判の全部をやり直します。普通の国民から選出された陪審員、参審員に、元の証拠調べの結果は生きていて有効なのだから暇をみて裁判所に来て訴訟記録を読んでおいてくれ、ということはとても無理だからです。

他方、従来の我が国の刑事裁判では、そして今でも裁判員裁判の対象とならないような事件の裁判では、一審判決が高裁で破棄され、差戻しで一審へ戻ってきた場合には、元の一審の証拠調べの結果は全部そのまま証拠として生きていて、さらに新たな証拠調べが必要ならそこへ付け加えるというシステムです。裁判官は専門家として訴訟記録の扱いには慣れていますから、それを読めば元の証拠調べの内容は全部わかる、何も手間ひまをかけて全部やり直す必要はないし、それは無駄だ、という考慮です。これが裁判員制度の下ではどうなるのでしょうか。

裁判員法上は明確な規定がないのですが、元の一審の証拠調べの結果はそのまま証拠として生きているから、差戻し後の新たな一審ではそれに必要な証拠調べを足すだけでよい、新しい一審での新しい裁判員は、元の一審の証拠と付け加わった新しい証拠に基づいて結論を出すべきである、というのが公式の解釈です(8)。

そうすると、新しい裁判員に元の一審の証拠調べの内容をどう伝えるのかという難題が出てきます。新しい一審の公判の最初のうちはひたすら旧一審のＤＶＤを再生してそれを見てくれというのは、法律上は可能（裁判員法六五条三項、四項、刑事訴訟法三〇五条四項本文）ですが、実際にはとても無理でしょう。旧一審が五日かかったとすれば、それをＤＶＤで再生するのも五日かかることになるはずですが、普通の人から選ばれた裁判員にそのように何日間もＤＶＤを見続けろというのはほとんど拷問で（本書七一頁「裁判所のありさま」⑤）、とても集中力が続きません。そこで、前記の手続更新の場合（本章二八頁「補充裁判員を使い切った場合」）と同様、裁判長がその「内容」をレクチャーして済ませることになるのでしょう（刑事訴訟法三〇五条四項但書）。

しかし、それは要するに、裁判員に、証拠本体ではなくて裁判長のレクチャーで被告人の有罪・無罪を決めてくれと言っているわけですから、そこには国民参加という「形」があるだけで、これはもはや司法への国民参加ではありません。これほど乱暴な裁判制度は他国に例を見ないでしょう。

前に新しい裁判員が入った際の手続更新につき、そこには国民参加の形だけあればよい、本当に国民の意見を聞いて彼らに決めさせるという発想は最初からない、裁判官三名がいるのだから実質的には裁判官が決めることになるのだし、それで十分だ、という真意があったのだろうと想像できると言いましたが、ここでもそれがそのままあてはまります。

（8）　拙著『批判』二一一頁以下参照。

被告人の辞退権

裁判員審理の対象となる事件では、被告人は裁判員審理を「辞退」するから裁判官だけの審理、判断でやってくれということはできません。

これは、そのようにして被告人に「辞退」権を認めると、被告人がこぞってこの危なっかしい裁判制度から逃げ出し、制度自体が崩壊することが制度推進論者にもよくわかっているからです。

つまり、裁判員制度は被告人のためにある制度ではないのです。司法制度改革審議会で、裁判官の判断は信頼できないが、国民の判断は信頼できる⁽⁹⁾、だから、悲惨な誤判・冤罪を防ぐために是非とも国民の司法参加が必要だ、と強硬に主張していた人たちがいました。その論理からすれば、一般国民の判断より裁判官の判断の方がまだしも当てになると考えた被告人がいたとすれば、その被告人を誤判・冤罪から守るために、その被告人が裁判員審理を辞退して裁判官審理を希望したら、そうしてやらねばならないはずです。

しかし、審議会での議論の過程において、そもそも何のために裁判員制度を実施するのかという原点はすっかり忘れられてしまい、いったん出来上がった「空気」に支配されるままに国民参加のための国民参加になり、そして制度が自壊しないよう、被告人の辞退は認めないことになったのです。審議会で誤判・冤罪防止のために国民参加が必要だと主張していた人たちも、こういう制度で被告人の選択自由ということにしては、被告人は皆逃げるということが内心ではわかっていたのです。

そのため、裁判員法冒頭の一条で謳われている裁判員制度の目的にも、「国民の中から選任された裁判員が裁判官と共に刑事訴訟手続に関与することが司法に対する国民の理解の増進とその信頼の向上に資する」とあるだけで、誤判・冤罪を防ぐためにこの制度を導入するのだということがないのはもとより、適切な裁判、正しい裁判を実現するためにこの制度を行うのだということも、法文中のどこにも書いてありません。立法者も、裁判員制度で誤判・冤罪が防止できるというものでないことは最初から了解していたことでした。

（9）裁判官は「国民」ではないように聞こえますが、裁判官は「国民」か、あるいは裁判官の事実認定能力は「国民」より劣るのか、という議論を審議会でしたことはありません。

誤判に対する国家賠償

憲法一七条は、「何人も、公務員の不法行為により、損害を受けたときは、法律の定めるところにより、国又は公共団体に、その賠償を求めることができる」と規定しており、これに基づいて制定された国家賠償法という法律の一条一項には、「国又は公共団体の公権力の行使に当る公務員が、その職務を行うについて、故意又は過失によって違法に他人に損害を加えたときは、国又は公共団体が、これを賠償する責に任ずる」という条文があります。

誤判・冤罪が大変恐ろしいものであることは言うまでもありませんが、例えば、無実であるのに裁判官の誤った判断で有罪とされてしまった場合、誤った有罪判決は上級審で是正されたとしても、本来ならなくて済んだ未決勾留による損害やら上訴手続を強いられたことなど物心両面の損害は計りしれません。また、未決勾留による損害については、別途刑事補償法という法律があって、一日当たりいくらという計算で補償を受けることができるのですが、それで損害の全部をカバーできるというものでもありません。そこで、この国家賠償法を使って、誤った裁判に対して刑事補償法では賄い切れない損害の賠償請求をするということは可能でしょうか。

国家賠償法の文言からすれば、裁判の場合でもダメだという理由はなさそうです。もっとも、裁判の場合には、証拠に基づく判断という側面が大きいので、法廷に提出された証拠からはこうとしか取れない、ということがあります。そして、後日、新しい証拠が発見された結果として元の裁判が誤っていたと判明しても、裁判官に過失があったというのは無理でしょう。しかし、この証拠から判断する限りどう裁判官に甘く見てもこの認定は無理だ、これは誤りだ、誤判だ、という場合があり得るはずです。

私は、このように裁判官に過失があって誤判に至ったと言える場合には、国家賠償法一条一項を適用して、国は、刑事補償法ではカバーしきれない元被告人の損害を賠償すべきだ、国家賠償法という法律がある世界で、裁判官に過失があって元被告人が損害を受けているのに、その損害が賠償されず、元被告人としては泣き寝入りしかない、というのは正義に反する、という意見です。そして私は、この解釈が広く認められるように努力してきました[10]。

ところが、最高裁は、前記国家賠償法の裁判への適用について、裁判官（国）が誤判に対して賠償責任を負うには、「当該裁判官が違法又は不法な目的をもって裁判をしたなど、裁判官がその付与された権限の趣旨に明らかに背いてこれを行使したと認めうるような特別の事情があることを要する[11]」という驚くべき判例を打ち出しました。当事者にルールを決めさせるとこういうことになるのです。裁判官が

「違法又は不法な目的をもって裁判」をするということ、つまり故意で誤判をするということはまず考えられないことですから、この判例は要するに、ただの過失の場合には、どんなにひどい誤判であっても、裁判官（国）は賠償責任を負わないという意味になります。私は、被害者（元被告人）の立場を考えると、これは大変おかしな結論だと思います。

（10）拙稿「事実認定の誤りと誤判の概念」本章注（3）拙著『裁判の過程』四章、拙著『裁判批判論』九章、一〇章、拙著『原論』二六頁以下等。

（11）最高裁判所平成二年七月二〇日判決最高裁民事判例集四四巻五号九三八頁。

国民参加と誤判の責任

陪審制諸国では誤判に対する賠償ということはありません。陪審の決めたことが正しく、陪審が決めたところが真実なのですから、「誤った事実認定」という概念がないのです。そこで、控訴審（二審）、上告審（三審）は法律問題しか扱わないので、事実認定が誤っている（「俺はやっていない！」）という理由で上訴することはできません。

我が国が裁判員制度という国民参加の制度を導入したということは、こういう危険な方向に舵を切ったことを表しています。もっとも、我が国の刑事訴訟法（一条）では事案の真相を明らかにするという実体的真実主義を明記していますし、控訴審でも事実の審理ができるという制度を守っていますから、「事実認定の誤り」という概念がなくなることはないでしょう。しかし、深刻な冤罪、それも判断者（裁判官、参審員、裁判員、陪審員）に過失があったような誤判に対しても裁判所は責任を負わない、という方向へ、発想自体を乗り換えたことに私は大きな不安を感じます。

陪審制諸国では、誤判・冤罪については陪審員に責任を問うことも賠償を請求することもできませんが、その根底には、くじ引きでその辺から集めた普通のおじさん、おばさんに余り高度な判断を求めることはそもそも無理だという発想があるわけです。

これに対して、裁判官だけが判断している場合には、誤判・冤罪に対して、裁判官なら高度な能力があるはずで、しかも十分な待遇を受けていながらそんなことでいいのか、もっと細心の注意でやるべきではなかったか、と責任を追及しやすいのです。こういう点から見ても、司法への国民参加制度は誤判・冤罪への手当が不十分だと言えるのでしょう。

要するに、審議会は、誤判を非難することだけに急で、裁判員制度下でも十分あり得る誤判に対する救済という視点を全く有していなかったのです。

第Ⅱ部　「司法制度改革」の現在の姿
——運用の悲劇

第3章　裁判員制度の本当の『正体』とは何か

権力に癒着するマスコミの罪

現在の我が国において、裁判員制度に関する大きな問題点は、裁判員制度本体もさることながら、実は、新聞、テレビ、雑誌などのマスコミのほとんど全部が御用機関と化してしまい、裁判員制度の広報、キャンペーンには熱心で[1]、裁判員制度の良さやその将来を嘱望するようなものは大々的に報道するものの、裁判員制度の問題点や不都合な事情などは報道しないようになってしまったことです。そのため、一般の国民には、施行後の裁判員制度でどんな問題点が明らかになったのか、順調に運営されているのか、被告人や裁判員に呼び出される国民側に何か不都合が生じていないのか、そこで出される判決は客観的な目から見て妥当なものであるのか、などの点を、ほとんど、又は、全く報道しません（もっとも、これに程度の差はあって、裁判員制度の提灯持ちに特に熱心なメディアと、それほどでもないと思われるところとがあります）。

また、裁判員制度下で何か不都合な事態が起きた場合、それは制度下での病的な事象として運用で改善できるものなのか、それともそれは裁判員制度に本来的なもので、この制度を止めない限りどうにもならないものであるのか、ということもマスコミは触れませんし、報じません。要するに、マスコミは、国民が、この制度で本当に良かったのだろうかと考えることを恐れ、国民がこの制度に疑問を抱くかもしれないような情報や意見を国民のもとに届かないようにしているのです[2]。

これが政府・最高裁判所の圧力によるのか、制度広報の一大スポンサーでもある政府・最高裁判所の忌諱に触れることを恐れたマスコミ側の自粛であるのか、ということを判定する材料を今の私は持っていませんが、いずれにしても、今の日本は、裁判員制度に関しては「言論の自由」が事実上ほとんど機能していない状況にあります。

これは学問的な法律専門雑誌の世界でも同じで、最初から政府系であるとか、あるいはそうではなくてもそもそも国民参加、裁判員制度の与党で、およそ裁判員制度を批判することは全く念頭にないという法律雑誌もあります。しかし、中立系と思われていた雑誌でも、裁判員制度を学問的に批判するような論文を掲載したのは二〇〇〇年代の最初の数年くらいまでで、それを過ぎると、裁判員制度を批判するような論文はすべてその掲載を拒否するようになりました。憲法の保障する学問の自由は、当然その成果の発表の自由を含みますが、今やその自由は、本書のような単行書とウェブ上の世界にしか存在しなくなっているのです。

そして判決言渡後の匿名裁判員のインタビューでも、「良い経験をした」という声しか表に出さず、もう一回やりたいか、家族にもやらせたいか、仮に自分が起訴されたら裁判員審理を希望するか、というようなことは聞きませんし、紙面に現れることもありません。まして、ひどい目にあった、もうこりごりだ、という声が報道されることはありません。

（1）　その中には、制度の賛否両論に目配りをしたような一見公平中立の外観を装っておきながら、実際には裁判員制度の熱心なPRにほかならないという手の込んだキャンペーンの企画も制度施行直前にはいくつもありました。

特に、制度の批判論にある程度のスペースを割いているような企画は大抵そうで、必ず賛成論にはそれ以上のスペースを与えて、こういう点に注意して運用すれば裁判員制度は素晴らしい制度になるのだ、反対論の議論は未熟だ、誤りだという結論に落ちつけてあるはずです（例えば、木村晋介監修『激論！「裁判員」問題』（朝日新書、二〇〇八）はその典型例と言うべきものです）。このように大型マスコミの制度の取り上げ方にはアンフェアなものが多いので、国民としては騙されないよう注意していなければなりません。

もっとも、裁判員を務めた結果として深刻なストレス障害に陥り、職も健康も失ったという人が国を相手に国家賠償訴訟を提起する（後述）に至って、最近では、制度本体には踏み込まないものの、裁判員の苦悩だけを記事にしたものは時として出るようになったようです。

（2）　大久保太郎「マスコミが報道しない裁判員制度の真実」というタイトルの論説があるほどです（『正論』二〇一二年八月号）。

『正体』の実際——粗雑な審理

次に制度本体の方ですが、私が『裁判員制度の正体』を書いて、裁判員制度を全面的に批判したのは二〇〇七年のことでした。この本は幸いにも我が国の司法の将来を真剣に憂える人たちが支持してくれ、刷を重ねることができました。私がそこで書いた批判は、制度施行後の今でも十分通用することだと思っていますが、最初に触れておきたいことがあります。

私はこの『正体』で、この制度は「見直し」があるとされる三年後までもたないかもしれない、と書きました（二二五頁）。それは、いかに裁判員審理であっても、刑事訴訟法一条が明記する通り、「公共の福祉の維持と個人の基本的人権の保障とを全うしつつ、事案の真相を明らかに」しようとすれば、裁判は裁判の名に値するよう丁寧にやらなければならないはずで、証拠調べを尽くし、評議を尽くし、判決書の作成に心血を注ごうというのであれば、重大事件の審理や評議が三日やそこらで終わるはずがない、従って、それを無理やり数日程度に収めようとするこの制度は早晩破綻するほかはない、と考えたためでした。

しかし、裁判所は、この制度をあえて維持し、数日程度の裁判、ということを実行するため、審理からも評議からも判決からも徹底的に手を抜く、という道を選びました。審理はいつ終えるかということを予め決めておいて、極限まで圧縮する。評議もいつ終えるかということを予め決めておいて、その範囲の中だけでやる。判決書は死刑事件であってさえも一両日程度で急いで書き上げ、ゆっくり検討するということはしない、というものです。ここまでやればたいていの事件は数日で終えられるでしょう。私は、こんな事態はもう「裁判」とは言えず、ただの儀式ではないかと思っているのですが、実は裁判所がここまでやるとは予想外でした。言い換えれば、裁判員制度というのはここまでやらないと回らない制度であるということです。その具体的な惨状については、次の「第4章　恐怖の裁判員制度」で述べることにします。

裁判員からの逃げ方――「正規」の辞退事由

裁判員法が成立して裁判員制度ができた時、少なからぬ国民の頭を占めたのは、これは国民の義務とされているらしいが、どうしても務めなければならないものだろうか、人を裁くなどということはしたくない、あるいは他人の裁判で何日も裁判所に拘束されていては、仕事に大きく差し支える、商売が潰れる、赤ちゃんが死ぬ、老人が死ぬ、という場合には行かなくて済むのだろうか、ということであり、そして、もし裁判所に行かないと一体どういうことになるのだろうか、ということだったでしょう。

そこで、これに関する裁判員法の規定を見ると、同法一六条は、裁判員候補者にさせられた国民が、実際の裁判が始まろうとする段階で、裁判員にさせられそうな時に辞退申立ができる事由を次のように列挙しています。

① 七〇歳以上の者
② 会期中の地方公共団体の議員
③ 常時通学を要する学生、生徒
④ 過去五年以内に裁判員を務めた者
⑤ 過去三年以内に「選任予定裁判員」であった者（わかりにくい表現ですが、これは本書にあまり関係がないので、説明は省略します）
⑥ 過去一年以内に裁判員候補者として裁判所に呼び出された者
⑦ 過去五年以内に検察審査員を務めた者

⑧　以下に挙げる事由その他政令で定めるやむを得ない事由があって、裁判員を務めること、或いは、裁判員選任期日に裁判所へ行くことが困難な者

イ　重い疾病又は障害

ロ　介護・養育が必要な同居の親族の介護・養育

ハ　事業において自分にしかできない重要な用務

ニ　父母の葬式その他社会生活上の重要な用務で他の日にはできないもの

①から⑦まではともかく、普通の国民にとって重要なのは⑧ですが、見てわかる通り、人を裁くというような、一生のトラウマになりそうなことはしたくない、人を裁くということは自分の良心に反する、という、個人にとって最も大切な良心に基づく辞退事由がありません。また、自分には、人を裁くということはできそうもない、一歩間違えると大変なことになるというそんな大事な仕事はできない、という誠実な思いによる辞退事由もありません。つまり、立法者は、憲法が国民に保障している「良心の自由」（憲法一九条「思想及び良心の自由は、これを侵してはならない」）を無視してこの条文を作ったのです。

政　令

ところで、前記裁判員法には「その他政令で定めるやむを得ない事由」という表現がありました。「政令」というのは内閣が定める命令で、国会を通さなければならない「法律」とは異なり、法律の範囲内で内閣が自由に定めることができて制定も修正も小回りが効くため、主要な骨組みは法律で決めて

おき、その間の細かいことは政令（又は各省大臣が定める「省令」）で定めて柔軟に対応するということは普通のことです。

さて、ここでの政令は、「裁判員の参加する刑事裁判に関する法律第一六条第八号に定める規定するやむを得ない事由を定める政令」という名で、二〇〇八年に制定、公布されました。二〇〇四年の裁判員法の制定、公布から四年もかかったことからすると、内容について相当紛議があったことを思わせます。現にこの時は、良心、思想信条又は誠意という心の中の事情に基づいて裁判員の義務を辞退できるかどうかということが最大の論点であったのです。

そこで、出来上がった政令で「やむを得ない事由」を見ると、

① 妊娠中又は出産から八週間以内
② 同居ではなくても、日常生活に介護・養育が必要な親族・同居人の介護・養育
③ 配偶者、直系親族、兄弟姉妹、同居人の必要な通院、入退院への付添い
④ 妻又は子の出産の場合、入退院の付添い又は出産への立会い
⑤ 遠隔地居住で裁判所が遠い
⑥ 裁判員を務め、又は裁判員候補者として裁判員選任期日に裁判所へ行くことが、自己又は第三者に身体上、精神上、又は経済上の重大な不利益が生ずると認めるに足りる相当の理由があること

と書いてありました。

「出産への立会い」まで列挙して、一見細かい配慮に富んだ政令に見えますが、それは見かけだけで、前記の個人の思想・良心の自由という観点から見ると、個人の思想・良心を押し潰して裁判員制度を強行しようとする側の恐るべき下心が透けて見えてきます。それは⑥の部分です。

憲法（一九条「思想及び良心の自由は、これを侵してはならない。」）を前提とする限り、国民の良心に基づく裁判員拒否を否定し去ることはできません。そこで、裁判員制度を施行しようとする側はこの問題をどう扱おうとしたのかということを検討してみましょう。

政令の恐怖

前項⑥には「裁判員を務め、又は裁判員候補者として裁判員選任期日に裁判所へ行くことが、自己又は第三者に身体上、精神上、又は経済上の重大な不利益が生ずる……」とありました。ここに「精神上」とあるのがミソで、裁判員を務めることが精神上大きな負担になるというのであれば辞退を認めよう、だからこの制度が良心の自由、思想信条の自由を侵害していることにはならない、憲法違反にはならない、とこの政令は言っているのです。

しかし、この政令は裁判員制度施行側の乱暴な論理を反映したものです。

まず、良心的裁判員辞退を正面から認めておらず、「精神上」の不利益といった曖昧な表現にとどめ、しかもそれを「身体上」（の不利益）、「経済上」（の不利益）と並列しています。この政令は、憲法上最大の尊重を要するはずの思想・良心の自由、つまり人間の大切な心の中のことをこの程度にしか見ていないのです。裁判などで悩む必要はない、適当にやっておけばよいのだ、という驚くべき発想でできた政令です。しかも、「良心の侵害」という不利益だけでは足らず、「重大な」（不利益）でなければならないと、要件を加重しています。良心、思想信条、誠意などを理由にした辞退は認めない、国民を一人残らず裁判員の義務から逃すまいと堅く決意した政令です。

まだあります。これからこの規定によって自分の思想・良心の自由を守るために裁判員を辞退しようとする者は、裁判所に出かけていって、裁判長という国家の役人の前で、他人を裁くことが自分の精神に重大な不利益が生じると認めるに足りる「相当の理由」を説明せねばならなくなりました。換言すれば、裁判長は、面前の人物の言うことから彼が裁判員を務めることがその人の思想・良心の自由の侵害になるかどうか、彼の精神に重大な不利益を生じるかどうか判定できることになったのです。

しかし、自分はなぜそう思うのか、他人を裁くということをしたくないと思うのかということを国家の役人の前で説明せよということ、それを国民に強いること自体が思想・良心の自由の侵害であることは論を待ちません。国家は国民の思想・良心の自由に手を出してはならないし、その内容を判断してもならないということを、この政令を作った人達はすっかり忘れていたのです。裁判員法の一環をなすこの政令は、要するに、国家が国民の心の中に手を伸ばしてもよいと言っているもので、実に恐ろしいものだと思います。

幸いこの政令が現実に機能している様子はなく、人を裁きたくないと思う人は、呼び出されても黙殺していればそれで済むことになっている様子は後で説明します。

法と政令の無思慮

そのほか、裁判員法とこの政令には、国民のことも裁判員制度のことも真剣に考えた結果かどうか疑わしい点がいくつもあります。その例を政令①の「妊娠中又は出産後八週間以内」に見てみましょう。

この規定によって妊娠中の人は裁判員を辞退することができるわけですが、それは辞退ができるということであって、裁判員になれないということではありません。臨月の人であっても、本人が裁判員をやりたいという限り、あなたはだめです、というわけにはいきません。「心身の故障のため職務の遂行に著しい支障がある者」は裁判員になれないという規定はあります（裁判員法一四条三号）が、妊娠を「心身の故障」というわけにはいかないでしょう。また、裁判所が「不公平な裁判をするおそれがある」と認めた者」は裁判員になれないという規定もあります（裁判員法一八条）が、妊娠中の者は不公平な裁判をするおそれがあるというわけにいかないのは当然です。

そこで、本人が裁判員をやりたいという以上やらせるほかはないわけですが、公判中に妊婦が産気づいたらどうするのかというシミュレーションは誰もまだやったことはないでしょう。

結局、裁判員法も政令も、裁判員から逃げたいという国民をいかに逃がさずにつかまえておくかという発想が中心で、こういう人にやらせるのはどうかという発想に基づく検討がないのです。立法者が制度を作る時に、この制度は必ず国民に嫌われるだろう、だから国民を逃がさないようにしなければ、とだけ考えていたことがよくわかります。

同じことは、出産後八週間以内の人にも当てはまります。そういう人は、辞退はできますが、本人がやりたいと言っている場合にやらせないということはできません。出産直後の人は裁判員にはなれないという条文はないからです。新生児を抱えたお母さんが、赤ちゃんを預かってくれる人がいないので連れてきた、自分は是非とも裁判員をやりたい、制度賛成の学者が言うこの「プラチナ・チケット」を行使したい、公判の間、裁判所の方で責任を持ってこの子を預ってくれ、もし泣き出したらミルクをやるかおむつを替えるかしてくれ、何か事故があったら裁判所の責任だから後日その責任を追及する、と言われたら、裁判所側は途方にくれるでしょう。ここで裁判所にできることは、どうか辞退してくれ、と頼み込むことだけですが、断られたらそれまでです（但し、まだ「抽選」を人為的に左右するという手だけは残っていそうです）。

これも立法者が、国民はこぞって裁判員から逃げたがるだろうから、逃げないように逃げ道をふさいだ法と政令にしておかなければ、とだけ考えていた報いです。

あの手この手

拙著『正体』9章では、一方的に裁判員候補者に選任され、そして具体的な事件が起きて裁判員選任期日の呼出状が来てしまい、このままでは裁判員にさせられる恐れがある、しかし、実はやりたくない、あるいは裁判員などはやっていられない、という人のために、裁判員からの逃げ方を検討しました。当時は、裁判員法施行前で、裁判所が、裁判員選任期日に裁判所に来ない裁判員候補者、あるいは、裁判員に一旦任命されながら公判に出てこない裁判員をどう扱うか計りかねたので、合法的な逃げ方について、条文をにらみながら、陪審大国アメリカの状況なども参考にしつつ、絶対に安全な方法について私なりに知恵を絞ったのでした(3)。

しかし、その後の実際の運用を見ますと、本書第Ⅲ部でも述べますが、最高裁判所は、裁判員制度が憲法違反ではないとするための理由の一つとして、裁判員からの辞退が柔軟であることを選ぶという途を取り入れたため、国民側からは自由に辞退あるいは「逃走」ができることになりました。呼び出された裁判員候補者が選任期日に裁判所に行かなかったからといって過料という制裁を受ける心配はなくなったわけです。

具体的には、まず裁判員候補者に選任されたという通知があった後、現実に何かの事件の審理が始まりそうになって、裁判員を選任するための期日に裁判所へ来いという呼出状が来た時、裁判員になりたい人、裁判員をやってみたい人は、その呼出状に書いてある通りに行動すればよいわけです（ただし、もう一回抽選があるので、必ずなれるとは限りません。あちこち無理をして日程を調整して裁判所に行っても、確率的には、裁判員にはなれず、「ご苦労様でした。これでお引き取り下さい」と言われる可能性の方が高いのです）が、やりたくないという人は、

①　呼出状を黙殺して、いかなる行動も取らない。

②　やれない、又は、やらない事情とそういう思いをアンケート用紙である調査票に書いて返送する。そして、裁判員選任期日には欠席する。

③　その選任期日に裁判所に行って、やりたくない事情、やれない事情を説明して、裁判長から免除をもらう。法令上に「免除」という制度はないのですが、裁判長は、ある候補者を最終抽選の対象に残すかどうかということについて広範な裁量権があることは前に書きました（第2章注（2））。

④　選任期日に裁判所へ行って、裁判長が何と言おうと（ここで裁判長の言うことに耳を傾けると危険）、「拒否する」と宣言してそのまま帰ってくる。

のいずれでも大丈夫です。③は当然のことながら穏当な道で、結果も大丈夫ですが、裁判長の前に姿をさらし、辞退事由を説明しようとしている点で、裁判長からこの人は合理的な話ができそうだと思われて、集中的に説得されてしまうという危険性もあります。それよりは、まだしも②又は④の方が安全性が高いと言えるでしょう。

いずれにしても、どの類型でも、そういう人が無理に裁判員に選任されたという例も、逃げ出した人に対して裁判所が制裁（過料）を発動した、という例も一件もありません。

ある市民団体[4]が出している『裁判員制度はいらない！　全国情報』という刊行物（本書では以下、『全国情報』として引用します）[5]があります。普通の新聞やテレビが絶対に報道しない貴重な事実が掲載されているのですが、その二号（二〇〇九年一一月三〇日）は、ある人の抵抗例を示しています。裁判所から裁判員選任期日の呼出を受けたものの、制度に反対なので、「裁判員制度反対」というタスキをかけて裁判所に行ったら、選任されなかった、というのです。制度発足直後ならともかく、今はそこまで明確に拒否のアピールをしなくても、最初から完全に無視するか、実際に裁判所に行くとしても、ただ「拒否します」の一言で十分です。

（3）　但し、当時は、裁判員制度という司法への国民参加制度ができたことに熱狂し、拙著のこの逃げ方を検討した部分については「卑劣」だとののしる人がいました。本書一一二頁「国家主義者」の嶋津格・千葉大学名誉教授です。

当時、一派の熱心な制度支持論者にとっては、裁判員をやりたくないと思ってこれから逃げようと考えるだけでも「卑劣」だったのです。国民の思想・良心の自由がこの制度によっていよいよ風前の灯になったことがわかります。

（4）「裁判員制度はいらない！ 大運動」（http://no-saiban-in.org/）。

（5）但し、この団体は、二〇一三年初夏に運動方針をめぐって分裂したようで、『全国情報』の形態も内容もそれ以前とそれ以降とでは顕著な差異があります。しかし、二〇一三年前半の四三号までの記事は情報として有用です。

他方、裁判員制度に反対するウェブサイトはいくつもありますが、私が時々見ているのは、情報量が多くて本書でも時々引用している「裁判員制度はいらないインコのウェヴ大運動」（http://saibanin-iranaiko.com/）です。

拒否の結果

やりたくないという人が「拒否」しても、やりたい人は他にいるでしょうし、裁判員法は、途中で人が足りなくなることをも予想して、そういう事態に備えた候補者の追加というシステムをちゃんと用意しています。また、そもそもやりたくないと明言し、いつ「逃走」するかわからないという人を無理に裁判員に任命してみても、そういう人を背負っての審理は危険ですし、特に最後の評議の段階になって、その人が、自分は主義として人を裁くということはしない、意見は言わない、と宣言したりすると、裁判所は窮地に陥ります。裁判員が意見を言わないことに対する制裁規定はないし、また仮にあったとしても、罰則で強制して無理に言わせた意見（例えば、「じゃ、もう、死刑でいいです」）に裁判としての価値がないことは明らかだからです。

裁判員候補者として裁判所に呼び出されたものの、選任期日の裁判長の面接の際、「私は裁判員制度に反対です。拒否します。絶対やりたくありません」と主張し続け、恐らくその結果として、裁判員に選任されなかったという体験はほかにもあること（『全国情報』二五号、五頁）で、『全国情報』の伝えるところによれば、候補者として指名された上で裁判員選任期日に裁判所に呼び出された者のうちで最終的に裁判所へ行く人は、今やその数分の一以下という状況になりました。これについては後に改めて触れます（本書八七頁「国民の離反」）が、今や国民中の大部分の人たちはこういう制度とは最初から関わり合いにならないようにしているし、それで制裁を受けることはないのです。国民の要望とも必要性とも無関係なところで、裁判への国民参加という熱に憑かれた人たちが一方的に無理な制度を作ったのですから、これは当然のことでしょう。

裁判員法上は、裁判員からの正規の辞退に随分面倒な条件をつけていますが、今の実際としては、最初からの完全無視でも大丈夫ですし、一旦は裁判所へ行って、「拒否します」「やりたくありません」と言うだけでも、堂々と辞退できることになりました。

だからこそ、八、九人で足りる裁判員（正裁判員六人、補充裁判員二、三人）を抽選で選ぶのに、その抽選が成り立つよう、時間も手数もかかる大事件では、最近の裁判所は数百人（例えば四〇〇人）もの候補者に呼出状を発送せざるを得なくなっているのです。

まともな刑事司法を取り戻すためには裁判員制度は廃止の一手ですが、どうしても廃止しない、維持する、というのであれば、この制度の被害者でもある国民としては、このように割り切って考えるほかはありません。

公判開始後の「逃走」

裁判員を一旦引き受けさせられた後、審理が始まってから「逃走」するのは、つまり審理が始まってから公判に行かなくなるのは、裁判所にも当事者にも迷惑であるのは確かです。しかし、これは法律の想定内のことで、そのために最初からちゃんと補充裁判員がいます。補充裁判員を敢えて引き受けるほどの人なら、ただ座っているだけで何もできないし、何もしてはならない補充裁判員よりも、正裁判員に繰り上がることをたいていの人は喜ぶでしょう。補充裁判員の中には「補充」のままではつまらない、誰か正裁判員が辞めてくれないかと思っている人もいそうです。

また、長丁場の公判なら、途中で病気その他やむを得ない事情が発生することはもちろんあり得ることです。例えば、あまりの過密スケジュールで、あるいは、凄惨な犯罪状況の写真や証言で、体調を損ねたということはよくあることで、誰も非難することはできません。そしてこういう場合に、最悪の場合にはそのせいで職を失うということもあり得るし、現にそういう実例も生じているわけですが、そういう場合に裁判所がしてくれることは五回までの（五回で打ち切り）カウンセリングだけで、その他には何かをしてくれるという意思も能力もないということを、この制度の被害者でもある国民側は忘れてはなりません。しかもこのカウンセリングたるや、カウンセリングらしい対面カウンセリングをやっているのは平日の東京だけで、そこまで行く旅費は何と自腹だというのです。国民を馬鹿にするのもほどほどにすべきでしょう。要するに裁判所は、神経の繊細な者は裁判所に来るな、裁判員になるな、そういう者に裁判員になられては迷惑だ、と言っているのです。

これまでにも何らかの事情で裁判所がある裁判員を解任し、補充裁判員を繰り上げたという事実は何回か報道されたことがあります。この中には、裁判員が法廷から「逃走」したという例もあったものと想像されます。しかし、これで最終的に裁判ができなくなったとか、「逃走」した裁判員が制裁を受けたという例はありません。

もっとも、一旦裁判員を引き受けさせられた後、審理途中で「逃走」したくなった場合、あるいは「逃走」せねばならなくなった場合には、一応の理由をつけて裁判所に連絡だけはしておくのが穏当でしょう。もっとも、この場合にも、電話に出た係員へ、「私にはもうとてもできません、辞めます」という通告だけで足り、裁判所の「了解」を得る必要はありません。「了解」を得ようとして話を始めると、必ず裁判所側は「逃走」を思いとどまらせようと必死に説得にかかってきますし、また、彼ら（電話口の係員）の立場ではそうせざるを得ないので、無駄な時間と労力がかかります。

裁判所には、裁判員をいつでも一方的に、つまり当該裁判員の了解なしで勝手に解任する権限があるのですから、これに対する国民側、裁判員側も主権者として裁判所と対等に行動して宜しいでしょう。また、ひとたび自分を守るために裁判員をもう辞めると決めた後は、裁判所職員との電話を長引かせないことは、この制度の実施で疲れ果てている裁判所職員のためにもなるのです。

過料の制裁

裁判員法には、裁判員候補者にさせられた後、事件の公判が始まって裁判員選任期日に裁判所へ呼び出されたのに裁判所へ行かなかった場合には、裁判所は一〇万円以下の過料に処するという規定があり（一一二条一号）、これは期日の呼出状にもそう記載するという規定があります（二七条三項）。期日の欠席に対する制裁の規定は、裁判員にさせられた後の公判期日及び判決言渡期日の欠席の場合も同じです（一一二条四項、五項）。

もっとも、一一二条の表現は「裁判所は……十万円以下の過料に処する」という断定的なものであり、他方、二七条の表現は「過料に処せられることがある」と裁量的なもので、そこにはニュアンスの相違があります。また、「十万円以下」（傍点引用者）という規定ですから、必ず一〇万円になるわけではなく、「十万円」は最高額です。万引き（窃盗）の最高刑が「懲役一〇年」であるようなものです（刑法二三五条）。

過料の下限を定めた法律はないので、「過料五円」とか「過料一〇円」という判断も違法ではありませんが、そのような事例がないのは、過料の規定が発動された事例が一件もないだけでなく、裁判所としては、国民に全く人気のないこの裁判員制度を進行させるのに過料は一〇万円だと思い込んでいてもらった方が都合がよいということもあるのでしょう。

そして、呼び出された国民が期日に出席しないことに対する制裁の上限が一〇万円とは、他国と比較すると破格に高い金額です。例えば、典型的な国民参加国であるアメリカ（陪審制）では州によって違いますが、せいぜい数十ドル程度です。これは、裁判員制度の場合には、立法者が、これ位高い金額にして国民を脅しておかないと、国民が裁判員に出て来なくなるだろうと危惧していたということを示しています。立法者も、国民がこういう制度を求めていないことは最初からよくわかっていたのです。

そして、最高裁は、裁判員制度が憲法違反ではないとするための理由の一つとして、国民が裁判員の義務から柔軟に辞退できると言ってしまったので、この過料制度を発動することはますます不可能になったということは後に改めて（本書二〇九頁「裁判員からの辞退自由を追認」）説明します。

第4章　恐怖の裁判員制度

マスコミはあてにならない

今は裁判員制度を批判することがタブーになってしまった感があるほどで、新聞、雑誌、テレビなどのマスコミがこの制度の問題点を正面から報道することがほとんどなくなってしまったことは前に述べました（本書四三頁「権力に癒着するマスコミの罪」）。そのため、情報源を持たない普通の国民は、裁判員制度は順調に運営されているのだろうと思ってしまう可能性があります。例えば、憲法記念日恒例の最高裁長官の談話での本制度のコメントは、その運用につき、従来の「概ね順調」から、あるいは「比較的（順調）」とか、あるいは「裁判員の心のケアが必要」とか、あるいは「従来の裁判への回帰」などと明らかにトーンダウンしてきていますが、今でも本制度のキャンペーンに熱心な大新聞の中には、談話中のこれらの問題点に触れず、長官の話はただ「順調」ということだったとの印象を与えようとしたものがあります。我が国の大新聞の中には裁判員制度支持を言わば一種の「社是」として、あくまで真実に目を向けまいとしている所があるのです。

その中で、前にも触れた『全国情報』は、一時までは裁判員制度の実情を率直、詳細に報道していたので、これによって知り得た裁判員裁判の実態を紹介しつつ、これに私のコメントを付して、裁判員制度のために我が国の刑事裁判が今どうなってしまっているのかということを明らかにしたいと思います（以下、本章で番号だけで示すのはこの『全国情報』です）。

人生を破壊する裁判員用務

まず裁判員の負担という点に注目しますと、『全国情報』には、裁判員を務めさせられた結果、凶悪、残虐な犯行内容、あるいはあまりに重苦しくて救いのない事件内容が、裁判員に大きな精神的な負担を残した例、被告人又はその関係者と見られる者の言動に恐怖を感じた例がたくさん掲載されています。そして、刑事訴訟で他人の運命を決めるという未経験の業務に疲れ果てた、もう二度とやりたくない、早く忘れたい、という怨嗟の声も溢れています。また、裁判員に選ばれずにほっとした、という声も多数あるのは当然のことです。

「遺体写真に衝撃。寝る前に映像がよみがえった」、「疲れた」、「食事が取れない。夢で睡眠不足」、「精神的に重い負担」、「荷が重い」、「（強制わいせつ致傷事件で）具体的な性癖は聞くに堪えない」、「高度な法律知識が求められ負担が大きい」、「自分や家族に影響が及ぶのではと不安」、「熟睡できずに常に頭がぼーっとしていた」、「選ばれた人は両手で顔を覆って『わー』という感じだった」（選任されなかった候補者）、「遺体写真は貧血を起こしそうで直視できなかった」、「被害者家族の一言一言が重く、裁判中に泣いた」等々、ほとんどきりがありません。

その中には、裁判員を務めたために、失職したという事例もあります。『全国情報』八号（九頁）では、二〇一〇年一月の福岡地裁での傷害致死事件で裁判員をさせられたため、「裁判で解剖写真が法廷に映されたときから動悸が生じ、裁判後は車が運転できなくなった。裁判を機に体調を崩し、仕事も辞めた。裁判当時、既に別の裁判員が解任されていたため、体調不良を理由に［自分も］辞めるとは言いにくい状況だった」という例が紹介されています。

また、律儀に裁判員を務めた結果、証拠写真として血の海に横たわる遺体写真を見せられた上、死刑判決に関わったという意識で深刻なストレス障害に陥り、職も健康も失って人生が完全に破壊された人もいます（福島地裁に国家賠償請求をするも棄却）[1]。こういう事態に対して裁判所がしてくれるのは五回までのカウンセリングだけ、それも平日の東京だけ、ということは前に書きました。ですから、神経の繊細な人は絶対に裁判員などを引き受けるべきではありません。うかつにそんなものを引き受けると、下手をすると、このように職と健康と家庭を、つまり人生そのものを破壊されます。こういう制度を作った司法制度改革審議会は実質的には何も考えていなかったわけですが、もちろんこういうことも考えてはおりません。

これまで犯罪に縁がなく、まっとうに暮らしてきた普通の市民なら、人を裁く、人を刑務所、あるいは死刑台へ送る、という裁判が大きな負担になるのは当然のことです。普通の国民にこんな思いをさせるべきではありません。普通の国民は、こんな思いをせずに済むように、驚くほど高い給料（判事の一号俸だと月給は一一九万八〇〇〇円、判事なら誰でも到達できる四号俸で八三万四〇〇〇円）を税金から払って裁判官を雇用しているのです。

福島で国家賠償訴訟を起こした人は、勇気を持って一〇万円の過料を払ってでも出頭を拒否していればこんな苦しい思いをしなかったのに、と言ったそうですが、裁判員に関わらずに済ませるのに勇気を持つ必要も、そんなお金を払う必要もありません。今や裁判所は、たかだか八、九人の裁判員を確保するのに、最初から半分以上が来ないとか、あるいは、辞退事由を申し立ててどんどん「逃走」することを見越して数百通の呼出状を発送しているのです。そして過料の制裁が発動されたことはありません。自分自身、そして自分と家族の人生を守りたければ、そして裁判所内部の権力闘争に加担したくなければ（本書一四四頁「『変節』の真の理由」参照）、黙って欠席し、すべてを黙殺すべきです。そしてこの人もそうしていれば、何の苦労もせずに済み、それまで同様の平穏な日々を送ることができていたのです。国民をだまして裁判員に駆り出している裁判所の罪は誠に重いものと言わねばなりません[2]。

（1）http://saibanin-iranaiko.com/topics/ というウェブサイトがその訴訟経過を報道していました。

（2）私が参加した裁判員制度に関する対論で、私が制度反対の立場から、「裁判員を務めたために自分の運命が狂った、会社をクビになった、商売が潰れた、大学を留年した、家族の老人・子供が死んでしまった、などということがあったとしても、裁判所は何らかの責任を取るつもりも能力もない、国民はそのことを知っておくべきだ」と述べたことに対して、制度賛成のある弁護士がそのうちの留年と倒産を取り上げて、「（そういう）事態は起こらない【だろうと思う。】」と述べています（第3章注（1）木村晋介監修『激論！「裁判員」問題』（一二六～一二七頁高野隆発言））。
是非とも制度を実施したい側としては、この論点についてこう言うほかはなかったのでしょうが、その何の根拠もない見通しは甘かったというべきでしょう。

なお、フルタイムの学生であれば、そのことが正規の辞退事由になります（裁判員法一六条三号。換言すれば、裁判員法は、学生の意見や感覚は司法に反映しなくてもよいと言っているのです）から、裁判員を務めたことによる時間的制限から「留年」になることはないかもしれません。しかし、辞退せずに敢えて裁判員を務めたために凄惨な証拠写真から神経をやられて、結果的に留年に追い込まれるということはあり得ることです。

こんな人が裁判員？――裁判員の思い上がり

他方、くじ引きである以上、こんな人に裁判員をやらせて大丈夫か、こんな人に被告人を裁かせて大丈夫か、と疑われるような人も当然混じってきます。そんな例も後を絶ちません。

『全国情報』では、公判で被告人に「聞いていてむかつく」と吐き捨てた裁判員、「感情むき出しの裁判でよい」「起訴された事件だけを裁くのは納得できない」と言い放った裁判員経験者、「全国初の死刑判決が出るかもしれないと聞いたので、やってみたかった」と言った裁判員候補者、判決後の裁判長の説諭時、被告人が「わかってますよ」と言い、ふてくされたような態度だったので、「怒りを覚えた」「刑期に温情を込めたのに」と言った裁判員の例などを紹介しています。

また、裁判員制度反対のあるウェブサイトでは、傷害致死事件の被告人に対して、ある裁判員が被告人の反省が足りないと見てその被告人を怒鳴りつけ、弁護人がその解任を求めたという事例も紹介されていました(3)。

死刑判決を「やってみたい」、つまり、被告人におまえは死ねと言ってみたいという人、法壇の上から人を裁く立場に立ったことですっかり自分が偉くなったと思い上がり、自分が「温情を込めた」つもりの判決に被告人がおとなしく恐れ入ってくれないと怒りを覚えるような人、被告人が反省しているかどうかは自分が決めるのだと思い込んでいる人が裁判員を務めていることがわかります。

こんな裁判員に当たったら一体どうなるのか、と、被告人でなくても背筋が寒くなるでしょう。

（3） http://saibanin-iranainko.com/whats.html の中の「インコつつく」二〇一三年一〇月二四日欄。

事前チェックは無理

最高裁は、その大法廷判決（本書第Ⅲ部で詳述）で、裁判員法には不適格な者を排除するシステムがあるから大丈夫だと言いますが、それはその人の思考や行動がよほど目に余る場合の話で、それほどではない場合には、とてもチェックの網にはひっかかりません。それを言うなら、裁判官の場合でも、一般的に不適切な人は裁判官に任用されず、個別の事件に関しても不適切な人を関与させないようにするシステムが法律上完備しているのです。

特に、感情むき出しの裁判でよい、とか、死刑判決を出してみたい、などと思っていてそれを実践しようと思ってやってきた人たちは、首尾よく裁判員に選任されるまでは意識して牙を隠しておとなしくしているでしょうから、そういう人を事前にチェックして排除しておくというのは不可能です。裁判員法はとてもそういうことができるようにはできていません。

また、裁判員候補者の中には、知人の知人が被告人だとか、友人の友人が被害者だという人がいるかもしれません。一九九五年の「地下鉄サリン事件」のように数千人規模の広範な被害者が出た大事件の場合には、この後者は十分あり得ることでしょう。これもその本人が黙っていたら、誰も知りようがありません。裁判員の中には、〇〇の仇討ちだ、と密かに心の中で刃を研いでいる人がいるかもしれないのです。

他方、往時のオウム真理教のように社会の各層に深く食い入っていた団体の事件だと、一人ひとりの個別の裁判員にどんな影響が及んでいるのか、などということは警察の組織力をもってしても調べきれないでしょう。

年齢無制限

裁判員になるためには二〇歳に達している必要がありますが、年齢に上限の制限はありません。七〇歳以上の者は辞退することはできますが、これはあくまでも辞退であって、本人がやりたいという限り、八〇歳であろうが、九〇歳であろうが、それ以上であろうが、年齢を理由に裁判員に選出しないということはできません。

裁判官の定年は、高裁、地裁の場合には六五歳です。司法試験に合格し、司法修習という専門的訓練を受け、二回試験という二度目の国家試験に合格し、下級裁判所裁判官任命諮問委員会によって裁判官適格と判断され、内閣によって裁判官に任命され、その後も定期的に専門的研修を受けてきた裁判官でも、六五歳にもなれば、一般的、平均的に言って、認識、判断の能力が人を裁くという任務には堪えなくなっているという理由です。

その裁判官の隣に裁判官と同じ重さの票を持って座っているのは、義務教育終了だけを要件としてくじで選ばれた人ですから、その中には八〇歳、八五歳という後期高齢者が混じっているかもしれないというのが裁判員制度です。怖いと思いませんか？

なっています。

裁判所のありさま

また、裁判所の審理は、予め決めておいた日程に強引に合わせようとする結果、非常に粗雑なものとなっています。

① 二〇〇九年一〇月下旬の松江地裁で、補充裁判員からの質問を裁判長が代読し、同じ時期の鳥取地裁では、補充裁判員が（被告人に？）質問した、ということがありました（二号七頁、九頁）。

裁判員法上、補充裁判員が、直接、又は裁判長を介して、質問ができるという規定はなく、これらは歴然と違法です。正裁判員が欠けなければ最後まで出番はないという前述の補充裁判員のあまりにばかばかしい地位に呆れて、補充裁判員が途中から「逃走」するのを恐れて、裁判長が違法を承知で、こういうことを許したのでしょう。

法を守ることより、裁判員の関心、裁判員へのサービスが大切、という時代になりました。

② 一一号（一一頁）は、鳥取弁護士会の会長が、「法廷内でのストップウォッチの提示に関する会長声明」を出したことを報じています。その声明は、（要旨）「二〇一〇年七月五日の鳥取地裁での殺人未遂事件（裁判員審理）の弁論（最終意見陳述）中、約一五分が経過した段階で、裁判長は、しきりに時計を見たり、ストップウォッチを弁護人のほうに向け、時間を厳守するようにとアピールするようなしぐさをした。なお、弁論はもともと二〇分の予定であり、ほぼ時間通りに終了した。

裁判長のこのような行為はあまりに非常識かつ礼を欠くもので、およそ人の話に真摯に耳を傾けようとする者の態度ではない。弁護人を侮辱するもので、猛省を求める」というものです。

裁判員裁判は、公判も評議も、いつ終えるかということを先に決めておいてそれから着手するという世界に例のない裁判方式ですから、裁判所側にとっては、事前に決めておいた予定通りに進行するということが何よりも大切なのです。従って、裁判官によっては、法廷（元々時計が設置してあります）に、自分の腕時計だけでなくストップウォッチまで持ち込み、当事者に時間厳守のアピールをせずにはいられないのです。裁判長が法廷でストップウォッチを活用している国は日本だけでしょう。

私は以前、裁判員審理では、裁判長の訴訟指揮が強権的なものになる恐れがある、審理が延長となって裁判員のうちの何名かが来なくなるかもしれないという恐怖の前には、裁判に求められる他のすべての要請は後退させざるを得ないし、そのための訴訟指揮権である、と書いたことがあります（『批判』二〇頁）が、それがこのように現実化しているわけです。

③　一四号（一四頁）は、二〇一一年一〇月の徳島地裁での現住建造物放火の事件で、裁判員が証人尋問中に切り上げを促すメモが渡され、質問を打ち切ったことを報じています。

裁判員審理では、真相の徹底的な追求や裁判員が納得できる審理ということより、予定時間通りの進行ということの方が大切なのだということが伝わってきます。いずれ評議となれば、裁判員は、この消化不良気味の証言の記憶から心証を形成して、被告人の運命を決めることになるのです。

④　一八号（一一頁）は、今井亮一という人の「覆面野郎に裁かれたくない！」という短文を掲載しています。東京地裁のある強盗殺人等の法廷を覗いてみたら、裁判員の中にマスクをしている者がいた、後に傍聴人の話を聞いたら、六人の裁判員のうち三人がマスクをしていたとのことだった。花粉症なのか風邪なのか、覆面もＯＫなのか？　そんなバカな」（判決は死刑）というのです。

花粉症や風邪という可能性もあったのかもしれませんが、それでも裁判長がマスクを外させるべきでしたし、それに応じなければそんな裁判員は解任すべきでした。また、被告人やその関係人に顔を見られ、覚えられるのを恐れてマスクで顔を隠したという可能性も十分考えられますが、これはとんでもないことで、およそ人を裁く者としてあるまじきことです。覆面をしなければ法壇に登れないという人を裁判員にすべきでなかったし、そういう人は、裁判長が途中からでも解任すべきでした。顔も出せないような臆病者に裁かれるというのはもう暗黒裁判の世界で、被告人としては到底承服できないでしょう。

ここで思い出されるのは、敗戦後の混乱や食料難が続く一九四七年に、人を裁く立場にあるからと一切のヤミ物資を毅然として拒否し、合法的な配給ものだけで生きようとした結果として三十代半ばの若さで餓死（衰弱死）した東京地裁の山口良忠判事のことです。

彼は法廷での判決言渡しの後、よく被告人に、「私の顔をよく覚えておきなさい。そして二度とこのような場所（裁判所）で私と会うことのないように、じっと見ておきなさい」と言ったそうです(4)。山口判事の裁判官としての立派なありようは今でも痛切に我々の胸を打ちますが、自分の顔を隠して人を裁こうという裁判員やら、それを許す裁判長やら、我々は随分妙な所へ来てしまったようです。

⑤　二四号（六頁）は、照井克洋弁護士の「ＤＶＤ視聴による審理」という一文を掲載しています。その要旨は、

二〇一一年の仙台地裁での殺人事件の審理で、証人尋問を終え、被告人質問で裁判所からの補充審問を残すだけの段階で、東日本大震災に襲われて、審理が中断した。裁判所はそれまでの裁判員を解任し、新たな裁判員を選任して、五か月後に審理を再開した。

弁護人は証人の再尋問を求めたが、裁判所はこれを容れず、中断前の審理を録画したＤＶＤの証拠調べを職権で採用した。

再開された公判では、五日間、ひたすらＤＶＤを視聴した。カメラは供述者のみに向けられ、尋問者は映っていない。どこからか質問の声が聞こえてくるという感じだった。一部傍聴人が映っていたので、その傍聴人のプライバシー保護のためとしてＤＶＤは法廷内の大画面には映し出されず、裁判員は目の前の小さな画面で見ることになった（傍聴人には音声だけが聞こえる）。再現ドラマを見せられてあれこれコメントするテレビ番組を想起させるが、それが現実の裁判で展開されるという異様な事態だった。

判決後、裁判員の一人は、「法廷で審理しているという感じがしなかった」と述べた。

というものです。

裁判は結局、形式を整えるだけの儀式になったということがよくわかります。国民参加論者（陪審制・参審制擁護論者）は、裁判では、調書ではなく法廷で証人の様子全体を見て、その信用性や証明力を判断することが重要だと唱えるのが常ですが、この有り様ではその理念にも反します。法廷でずっと証人尋問を聞かされ続けるのも、法廷の全体が見え、尋問者の様子が見え、証人の全体像が見える状態でさえ大変ですが、とにかく小画面で固定カメラでの上半身だけの映像を五日間見続けろというのはほとんど拷問で、普通の人ならとても集中力が持ちません。この結果（判決）は無罪だったそうですが、裁判員は三日目辺りからもうどうでもよくなって、ただ見流し、聞き流していたという可能性もあり得るでしょう。あるいは裁判員の中には、あまりのことに呆れて、こんな事件は絶対有罪にしてやるものかと固く決意していた人がいたかもしれません。

私に理解できないのは、五日間もＤＶＤを再生し続けるくらいなら、どうしてその時間を証人尋問のやり直しという形で活用しなかったのかということです。もしかしたら、裁判長が、精神を極限まで張り詰めていなければならない緊張した公判主宰の五日間を過ごすのを嫌がって、既に存在するＤＶＤの再生という安直な途を選んだのかもしれません。もし二度目の公判では出てきた証人が前とは違うことを言ったというのであれば、その時こそその証人の分だけのＤＶＤを再生して、比較してみれば済むことです。

⑥　二五号（五頁）は、多田元弁護士の「『裁判の心』を失った情緒的量刑」という一文を載せています。その要旨は、「昨年、ある強盗傷害事件の控訴審の弁護を受任したが、記録を検討して、一審判決に驚き、怒りを感じた。犯罪の表面を見るだけで、被告人の心境や問題を全く理解しようとせず、犯行の結果から被告人を非難するだけのものだった。一審判決は、被告人の『反社会性人格障害』（精神病院の診断名）を理由に懲役一〇年の求刑を三年軽減して懲役七年としたが、その判断には合理的な根拠がなく、独善的で情緒的な量刑だった。反社会性人格障害とはどういうもので、それが犯行にどう影響したのか、全く説明がない。精神病医の鑑定も主治医の意見も児童相談所の記録も家庭裁判所の社会記録も医療刑務所医師の診療録も入院した精神病院の診療録もなかった。

責任の一端は教育福祉政策の貧しさという社会の側にもあり、刑事司法は犯罪の原因、背景を解明し、被告人の更生につながる処遇を図り、適正な量刑判断を行う責任があるはずだが、それを全く見ていないこの一審判決は、裁判官による捜査結果の追認と処罰の儀式に堕落するもので、僅か三日間では事件の実相を判断するのは無理である。『市民の参加』とは『名ばかり』で、裁判員は処罰の儀式の飾りに過ぎない」というものです。

審理を極限まで圧縮しようとする裁判員制度下では、審理も判決も粗雑なものになるだろうということはかねてから予想、指摘されていたことで、別に驚くほどのことではありません。

しかし、このような制度を求め、歓迎し、促進して、被告人、犯罪被害者、そして国民を困らせている責任の一端は明らかに弁護士側（日弁連）にあります。弁護士側（日弁連）が、裁判員制度がもたらす粗雑な司法という結果を予想し、制度に敢然として反対していれば、事態は別の形になっていたはずですから、弁護士ならこういう制度を招来したことに対する責任も考えるべきで、弁護士が今頃こんなことに驚いていることに我々は驚くべきでしょう。

⑦　三六号（二頁）は、弁護士の座談会で、ある弁護士が、時間が過ぎて裁判長が舌打ちをしていた、と発言しています。裁判長はとにかく計画通り進行させることに汲々となる余り、ここまで心の中がすさんできているわけです。

（4）　山形道文『われ判事の職にあり』（文藝春秋、一九八二）二二七頁。

それでも審理は長期化

しかし、最高裁報告書によると、これほどの強権的な圧縮審理をやっても、審理期間はじわじわと長期化しています。特に、公判が始まってからは時間表通り一気にやってしまうので、そこで延びるということはありませんが、公判を一気にやれるよう、念入りに進行内容を決めておくための公判前整理手続にどんどん時間がかかるようになっているのです。裁判員制度では重大事件だけを対象としているのですから、これは当然のことです。

最高裁報告書によると、特に否認事件の場合、公判前整理手続の期間が制度施行直後の二〇〇九年の三・一月から、二〇一〇年には六・八月、二〇一一年には八・三月、二〇一二年には八・六月と「かなり大幅に長期化している」とのことです（一〇頁）。

そして今や、何と「否認事件においては、公判前整理手続期間だけで、裁判官裁判時代の平均審理期間以上の期間を要するようになっている」のです（一〇頁）。勾留中の被告人にとっては、こんなことなら前のシステムの方がずっとよかったということになるでしょう。特に、旧制度では、第一回公判期日は取りあえず空いている日にどんどん入れていったので、被告人にとっては一時的にでも拘置所から出て裁判所へ行き、そこで自分の言い分を聞いてもらうことができたのでした。しかし、裁判員制度の下では、公判前整理手続が終わらないと第一回公判期日も決められないので、起訴から何か月も一年近くも（起訴から公判前整理手続に入るまでの期間もあり、公判前整理手続が終了してから第一回期日までの期間もあります）裁判所で取りあえず自分の言い分を述べる機会がないというのはつらいでしょう。

公判前整理手続とは

ここで「公判前整理手続」というものが出てきましたが、これは裁判員制度に密接に関連した重要な付随手続であり、後にも出てきますので、ここで説明しておきます。これは裁判員制度の導入を控えて、刑事裁判の迅速化を図るために二〇〇五年に刑事訴訟法に組み込まれたものですが、要するに、公判開始前に、裁判所、検察官、被告人・弁護人が協議を行い、争点と証拠を絞り込む手続です（刑事訴訟法三一六条の二以下）。裁判員審理事件では必ずこの手続が行われますが、それ以外の事件でも、裁判所が必要だと考えた場合にはこの手続を行うことができます。

そこで行われることは具体的には、

① 訴因及び罰条を明確にすること。必要な場合にはこれを変更すること。
② 公判で予定している主張内容を明らかにして、争点を整理すること。
③ 証拠調べの請求をすること。
④ 証拠の採否を決めること。
⑤ 採用すると決めた証拠について、その取調べの順序・方法を決めること。
⑥ 公判期日を定め、審理の予定を立てること。

などです。

率直に言ってしまえば、裁判員裁判は、被告人の運命や適正妥当な裁判ということより、裁判員の都合の方が大事だという発想で運用されていますから、裁判は、裁判員たちが飽きたり疲れたりして法廷から逃げ出す前に裁判を終えなければなりません。そこで、証拠調べや評議は極限まで圧縮しようとするわけですが、そのためには事前に綿密にスケジュールを決めておかねばなりません。証拠調べをいつ終えるかをまず決めておいてから公判を始めるという裁判を実行するには、どの証人を尋問するかということはもちろん、それぞれの証人について、尋問時間をどうするか、何分で終えるか、ということまで決めておかねばならないのです。

そうするとそのためには事前に完璧なスケジュール調整が必要になりますが、これをするのが公判前整理手続です。つまり、公判でどの証拠（証人）を調べるか、尋問の時間をどうするか、公判何回で審理を終えるか、いつから評議に入っていつ終えるか、評議終了後、裁判官は何日で判決を書くのか、判決言渡しはいつにするのか、ということを事前に決めておくわけです。

致命的な証拠採否

公判前整理手続のうちで訴訟当事者（検察官と被告人・弁護人のこと）にとって特に重要なのは前記④の証拠の採否の決定と前記⑤の証拠調べの進め方の決定で、ここで実質的に被告人の運命が決まります。というのは、被告人の有罪・無罪を決めるのは言うまでもなく証拠ですが、当事者から調べてくれと請求のあった証拠のうち、公判でどれを採用して調べ、どれを却下して調べないのかという決定はそのまま被告人の運命に直結しているからです。

検察官が柱と頼む証拠を調べないことにすればどんな被告人でも無罪にできますし、弁護人が無罪の決め手と思っている証拠を調べないことにすれば、どんな被告人でも有罪にできます。

また、その調べ方の決定も重要で、当事者がこれは重要な証人だから尋問に二時間はかかると言って申し出た証人を、採用はするけれども尋問は一〇分にとどめてくれということにしては、その証拠価値をほとんど無にできます。

公判前整理というとただの準備手続で、被告人の運命は公判本体で決まるような印象を受けるかもしれませんが、決してそうではなく、被告人の実質的な運命はここで決まっているのです。だからこそ、検察、弁護の双方ともここで死力を尽くしているのであり、時間がかかるのは当然なのです。

非公開の公判前整理手続

この公判前整理手続の次の大きな問題点は、これが非公開で行われていることです。これは明らかに憲法違反です。

憲法八二条一項は、「裁判の対審及び判決は、公開法廷でこれを行ふ」と定めています。「対審」とは事実審理のことであり、「公判前整理手続」は事実審理そのものではないからこれを非公開でやっても憲法違反にはならない、というのが裁判所の立場ですが、前の項で説明した通り、被告人の運命を決めるのは、審理本体というより、そこでどんな証拠をどのように調べるのかという判断にほかなりません。

憲法が対審を公開せよと言っているのは、被告人の運命を決める枢要な手続を公開せよということであって、公開の有無をそれが形式的な「公判」に当たるかどうかで決めてよいものではありません。現行憲法にはこれに関する明確な規定はありませんが、それは一九四六年の現行憲法制定当時には、裁判員制度などというものも、証拠の採否の全部を非公開の手続で決めてしまうということも全く念頭になかったためです。

現行憲法制定当時、今の裁判員制度のような参審制度が憲法制定関係者の頭の中にあったとしたら、この訴訟の運命に致命的な証拠の採否決定をどうするのかという条文を必ず設けたはずです。後に（本書一五〇頁「違憲のデパート」⑤）説明する通り、憲法が被告人の証人喚問権と証人に対する十分な審問権を保障したということは、憲法が今の裁判員制度のような参審制を許容するつもりは全くなかったということをよく表しています。

証拠の採否ということの重要性を検察官も弁護人もよくわかっているからこそ、これまでは、そして今でも裁判員審理でない事件では、証拠の採否について双方当事者が公開の法廷で激論を闘わせることもあり、それを傍聴人が注視しているという状況があって、それが裁判の公正さの一つの担保になっていたのです。

今でも裁判員審理ではない刑事裁判で、法廷外で証拠の採否を決めることはあります。しかし、それはあまり重要ではなくて付随的な証拠について付随的に決めているだけのことですし、またその後の公判でその判断に異議を出すこともできるから許されるのであって、証拠調べの全部を非公開で決める、後にはそれを争う機会はない、という乱暴なやり方ではこの制度が憲法違反であることから逃れることはできないでしょう。

公判前整理手続と裁判員

公判前整理手続の次の問題点は、そこで何が問題となったのか、何がどう話し合われたのかということを裁判員が知る機会が全くないということです。

非公開の公判前整理手続が完了してそこで決めた予定の通りに公判が開催できる状態になってから、

裁判所は公判期日を指定し、裁判員を決めるために裁判員候補者を呼び出します。つまり、裁判員が関与していないところで、裁判所、検察官、被告人・弁護人側の協議で、その事件の争点が決められ、調べるべき証拠（尋問すべき証人）が決定され、証人尋問の時間や評議の時間までが決められているのです。論点によっては大変重要なものなので、検察官と弁護人との間に激論があったものがあるかもしれません。しかし、裁判員に知らされるのは公判前整理手続の結果だけ（刑事訴訟法三一六条の三一第一項）で、公判開始後の裁判員は既に出来上がっているいわばお仕着せのスケジュールに沿って形式的な「審理」を進めていくだけなのです。

裁判員法上、裁判員は陪席裁判官とほぼ同じ扱いで、裁判長にひとこと断るだけで（裁判長の許可までは不要という意味）証人、被告人に尋問、質問ができる（裁判員法五六条、五九条）のですが、尋問時間、質問時間は裁判員の関与していないところで既に決まっているので、それぞれの裁判員が目の前の証人、被告人にそれぞれこころゆくまで事情を尋ねるということは最初から予定されておりません。

このように争点の確定、証拠の採否、証拠調べの方法の決定という、司法のプロセスの中で極めて重要な部分に国民が関与できない制度というのでは、とても司法への国民参加とは言えないでしょう。

何も考えていなかった司法制度改革審議会は、もちろんこういうことも考えてはおりませんでした。彼らは、国民参加の形を作ればそれだけで十分だと考え、事案の真相を究明して適切な裁判をしなければならないのだということはついにその念頭に浮かばなかったのです。

重罰化

裁判員制度の下では、量刑が従来より相当重くなっています。まず、最高裁報告書によると、求刑を下回る量刑が、裁判官審理では九七・九％、裁判員審理ではこれより低い九四・二％で、換言すれば、裁判員裁判では、求刑通り、又は求刑を上回る量刑が少なくない、ということになります（報告書二三頁）。

求刑越えの判決というのは違法ではないものの、検察官の求刑は、それまでの膨大な事件の先例に基づいて、全国的均一性及び時間的均一性ということを考慮して統一的になされているものですから、求刑越え判決というものは実際にはめったになく、たまにあればニュースになるほどです。そこで、求刑を無視した判決は、それだけで正義の均等性に反する恐れがあると言えるでしょう。

新聞報道によれば[5]、二〇一二年七月三〇日、大阪地裁（裁判員審理）は、脳に発達障害（アスペルガー症候群）を抱えていたある殺人事件の被告人に、求刑（懲役一六年）を大きく上回る懲役二〇年の判決を言い渡しました。十分に反省していないし、再犯の恐れがあるので、可能な限り長く刑務所に収容することが社会秩序維持に資するという理由です。

そもそも刑事裁判とは、有罪の場合には、当該犯罪行為に最も適切に対応する刑事責任はどういう内容（どの程度の懲役か、どの程度の罰金か）であるべきかということを具体的に考えることですが、この判決は、その対応関係を考えることを完全に放棄し、要するに、危ないやつがその辺をうろつかないよう、なるべく長く刑務所に閉じ込めておくのが社会のためだと言っているのです。この論法によれば、当該犯罪行為と刑罰との対応関係は不要なのですから、犯罪事実が何であれ、法定刑に制約がない限り、こいつは危ないと思った被告人は誰でも懲役二〇年（有期懲役の上限）又は無期懲役にすることができます。犯罪に対する刑罰は、応報（懲罰）か教育かというのは、犯罪や刑罰が理性的に考慮されるようになった一九世紀以来、刑事司法の大問題であったのですが、裁判員にかかるとこれが「障害者の隔離」ということになりました。「保安処分としての刑罰」という恐るべき概念が登場したのです。

また、刑法は、善悪を判断する能力のない者（心神喪失者）の行為は反省していなくても処罰せず（刑法三九条一項）、善悪を判断する能力の著しく減退している者（心神耗弱者）の行為は反省していなくても刑を減軽するとしている（同二項）のですが、「反省していない」というこの判決の論法によれば、反省するだけの知的能力を問わずに目一杯重く処罰（隔離）することができることになります。

司法に国民を参加させ、国民の感覚を反映させるということは、国民の偏見（例えば障害者に対する偏見）をも反映させるということにほかならず、そのため陪審制諸国では偏見に溢れた判決にも溢れているわけですが、我が国の司法もこの種の「グローバル・スタンダード」を取り入れてしまったことを象徴しているのがこの判決です。そして裁判所という公権力が正面からそう言い切ってしまった以上、普通の国民が障害者に対する偏見をあらわにしても、法も裁判所ももはやこれをとがめることはできなくなったと言うべきでしょう[6]。

なお、刑務所とはどんな世界か全く知らない人に、気軽に懲役〇年と決めさせることも私は疑問だと思います。この判決は、事件単位で集めた裁判員に量刑もさせることの危険性をも象徴したものと言えるのです。

（5）　私が見たのは二〇一二年七月三一日付『新潟日報』ですが、主要紙は皆報道しました。

（6）　ただし、さすがにこの無茶苦茶な判決は後に控訴審で破棄されました。大阪高裁二〇一三年二月二六日判決（判例タイムズ一三九〇号三七五頁）。

弁護士の甘い期待

裁判員制度施行前、裁判員制度に賛成の弁護士の中には、裁判員裁判ではこれまでより刑が軽くなるのではないか、と言う人がいました。

例えば、裁判員制度賛成のある弁護士は、裁判員は重罰化に拍車をかけるのかといえば、そんなことはないと考えている、裁判員が被告人を間近に見れば、同情も生じてくるから、職業裁判官よりも普通の人の方が重罰化に躊躇するだろう、というのです(7)。

しかし、裁判員制度支持論者のこの希望的観測は施行五年の経験によって、誤りであることが明らかになりました。前記の通り、裁判員裁判では、当初から、求刑通り、又は求刑を上回る量刑が少なくなかったのですが、今や検察の求刑越え判決が急増、と新聞の大見出しになるほどになったのです(8)。

弁護士の関心は専ら自分の依頼人である被告人に向いているわけですが、普通の国民から選ばれた裁判員は、自分が刑事事件を起こして被告人になることなどは考えもせず、いつ刑事事件の被害者になるかもしれない、いつその事件の被害者と同じ目に遭うかもしれないということを危惧しているのですから、その目は被害者に向いているのであって、被害者に同情した結果として重罰化は当然のことと言えましょう。

特に、裁判員になるのは時間の都合などから主婦が結構多いのですが、女性にはまじめな人が多いし、一般に家庭婦人は堅実さに高い価値を置くので、何の落ち度もないのに凶悪犯罪の犠牲者になった被害者には同情を惜しまない反面、目の前の被告人に同情して刑を軽くしようという人は、ほとんどいないと思われます。裁判員六名中、中高年の女性が四、五名もいたら、もう被告人の運命は極まったと思うべきでしょう。

(7)　第3章注（1）『激論！「裁判員」問題』八三頁高野発言。
(8)　『読売新聞』二〇一四年一月二九日朝刊。

性犯罪の悲劇――この被害者を見よ

私は『正体』で、裁判員制度下では犯罪の被害者が法廷で極めて酷な立場に置かれるという犯罪類型がある、強姦致傷がそうであって、被害者は証人として、裁判官だけでなく裁判員の前で証言を強いられることになる、こんな制度を始めなければ、被害者がこんなに過酷な立場に立たされることはなかったのだ、と書きました（『正体』一四〇頁以下）。

二〇一二年五月二三日の『朝日新聞』朝刊がそれに近い事例を紹介しています。ある強姦致傷事件の被害者が、被害者参加制度に基づいて法廷で自分の思いを述べる（証人としての出廷ではなかったようです）に当たり、裁判員に見られることが怖くて、フードをかぶり、ストールとマフラーを顔にぐるぐると巻きつけ、サングラスと手袋もつけて法廷に出た（外に出ている肌の部分は眉間だけ）、というのです。

そこまでして、被害者にそんな思いをさせてまで、裁判員裁判をしなければならないのか、と思うのが健全な社会感覚というものでしょう(9)。

被害者参加制度に基づく被害者としての意見陳述ならこれでも許されるのかもしれません。しかし、犯罪事実を証明するための証人ならこうはいかないでしょう。裁判員制度擁護論者、国民参加論者は、裁判では調書ではなく法廷での生の証言が大切だというのが常です。証人が、どんな表情で、どんな口ぶりで、どんな顔色で、どんな目つきで、どんな質問にどう答えたかということが重要だ、そこから真実を読み取るのが裁判だ、というわけです。しかし、証人の表情がそもそも見えないような有様ではとてもまともな証人尋問にはなりません。

この事件では、被告人が事実を争わなかったので、被害者は証人になる必要がなかったのだろうと想像されます。しかし、仮にこれが冤罪であった場合には、そうはいきません。冤罪であれば、被告・弁護側としては被害者と称する者を証人尋問の場で徹底的に追及して、検察による犯罪事実の立証を防がねばならないのです。法廷での激しいやり取りを通じて真実を明らかにしようというのが公判中心主義ですが、裁判員制度下の強姦致傷事件はこれに向いておりません。この制度を作った審議会（司法制度改革審議会）は、実質的には何も考えていなかったことがここでもよく伝わってきます。

また、被告人が自白して事実を全部認めている場合には、被害者が証人として出廷することもたいてい不要になるので、そのことが捜査に悪影響を及ぼす恐れも考えられます。つまり、被害者が後に証人として法廷に出る必要がなくなるように、警察や検察が被疑者に全部自白させようと強引な取調べで自白を迫るようになるのではないかということです。これまで捜査機関による強引な自白の強要が冤罪の温床となってきたことは今さら繰り返す必要のないことでしょう。

（9）　制度施行前、私が参加したある対談で、私が、裁判員制度下では、性犯罪の被害者に酷な面がありうると述べたことに対して、制度賛成派の弁護士が「(性犯罪の被害者が、裁判員ら) 合計九名の前で、自分の体験した被害事実を語ることがそんなに大変なことだとは思【わない】」と述べました(第3章注(1)『激論！「裁判員」問題』一九三頁高野発言)。

ここでも制度賛成の弁護士の関心は自分の依頼者である被告人だけに向いていて、被害者やその心情には目が届いていないことがわかります。

境界線

強姦致傷事件は裁判員審理の対象ですが、単純強姦事件はそうではありません。裁判員法は一定以上の犯罪をすべて裁判員審理の対象としているのですが、形式的な線の引き方をしたために、強姦と強姦致傷の間にその不自然な境界ができたのです。

前項で引用した新聞は、裁判員裁判の対象となる性犯罪で被疑者(容疑者)が起訴される割合がここ数年で大きく下がっていることをも報じています。被害者が被害事実を裁判員に知られることを嫌がるため、検察が事件をそもそも不起訴にしたり、あるいは怪我はなかったことにして裁判員審理の対象ではない単純強姦罪に変えて起訴したりする例が増えていることを法務・検察の幹部も認めているというのです。

強姦致傷の事実があるのに単純強姦で起訴するには、被害者に告訴をしてもらわなければなりません。単純強姦罪は親告罪で、被害者の告訴がないと起訴できないからです。そこで被害者が告訴を拒み、そして裁判員裁判は絶対に困る、と言うと、被疑者が否認している強姦致傷事件は事実上起訴できなくなって、犯罪者が逃れる可能性が出てくることになります。また、被害者の告訴があって単純強姦で起訴したとしても、致傷の事実が裁判官に漏れないよう、検察官は証拠の提出に当たって本来ならしなくてもよい配慮をしなければならなくなる恐れがあります。もっとも、本当は強姦致傷なのだから、起訴罪名は単純強姦（法定刑の上限は懲役二〇年、下限は懲役三年）であるけれども、実質的には強姦致傷（法定刑の上限は無期懲役、下限は懲役五年）と同程度の重い刑になっても構わない、だから致傷の事実が裁判官に漏れても構わないのだ、と開き直る手もあるのかもしれません。この場合には、起訴罪名は単純強姦、量刑は実質的には強姦致傷、ということになります。

国民が求めていない裁判員制度などを無理に導入したために、我が国の刑事司法がじわじわと歪んできていることがよく伝わってくるではありませんか。

なお、この裁判員制度が検察の起訴に及ぼす影響の問題という点については、後にもう一度触れます（本章「罪名落ち」）。

国民の離反

『全国情報』は、国民が裁判員制度をすっかり見放し、その結果として、制度の運営が困難になる一方であることを示す事実を次々に報じています。

①　一九号（八頁）は最高裁が二〇一一年冬に実施した「裁判員制度の運用に関する調査」の結果を掲載しています。前年（二〇一〇年）実施の結果と比較すると、

「参加したい」は七・二％から四・六％にかなり減った。
「参加してもよい」は一一・三％から一〇・四％に減った。
「余り参加したくない」は四三・九％から四二・六％で横ばい。
「義務でも参加したくない」は三六・三％から四一・四％にかなり増えた。

とのことでした。

裁判員制度に関する公的な世論調査は極めて作為的なもので、設問に「裁判員になることは義務とされていますが……」と織り込んでおくなど、要するに制度推進のキャンペーンにほかならず、そもそも調査でもないし、調査としても信用できないものです[10]。それでも、「参加したい」と「参加してもよい」が合わせて一五％しかないということは、国民が裁判員制度を求めていないこと、これを支持する声はいよいよ減るばかりであることが明らかになりました。

② 二〇号（五頁）は、「裁判員候補者の辞退、選任期日への欠席が激増している。裁判員候補者のうち、選任期日に出席しない者の割合は既に六割を越えている」、「東京地裁の三月一八日選任・公判のある事件では、名簿から選定された候補者（約一〇〇人）のうち選任期日に出席したのは僅か一八人、さらに当日九名が辞退したため、残りは九名となったが、その全員が裁判員と補充裁判員にさせられた」ということを報じています。

既に述べた通り、国民は今では簡単に裁判員から逃れられます。最高裁によれば、裁判員からの辞退制度が柔軟だということが制度の合憲性を支えている（このことについては後に説明します）わけですから、辞退者（欠席者）に制裁を科すことはもう不可能になったのです。裁判員をやりたい候補者はやれる確率が高まり、やりたくない候補者は簡単に逃げられるようになったわけですから、国民の立場からは慶賀すべき状況と言えるでしょう。

③　二三号（四頁）は、最高裁発表の数字によっても、裁判員候補者の選任期日への「出頭率」（呼出状を送付した数を分母としたもので、呼出状発送前に辞退・拒否した人を含まない）が、二〇〇九年一一月、二〇一〇年一月、五月、二〇一一年三月とで、八五・三％、八三・六％、八二・六％、八〇・二％と、着実に下落する一方であることを報じています。

なお、最高裁報告書（六頁）によれば、二〇〇九年の制度実施以来、二〇一二年まで、一年ごとの出席率（調査票、質問票の結果で事前に辞退が認められた者は分母から除く）は、八三・九％、八〇・六％、七八・四％、七五・七％であるとのことです。制度発足直後と比較すると、二〇一二年段階でも既に一〇ポイント近く落ちているわけで、出席しなくても制裁はないということが知れ渡るにつれ、この数字はさらに落ちていくことが予想されます。

④　二八号（二頁）、三二号（六頁）は、二〇一二年一月早々のさいたま地裁の事件で、三三〇人の裁判員候補者のうち裁判所に来たのはその五分の一にも満たない六一人、その中からさらに辞退者が続出し、最終的に残ったのはたった三四人に過ぎなかったということを報じています。

⑤　三六号（五頁）は、二〇一二年九月の鳥取地裁における連続不審死事件の審理のため、裁判所は裁判員候補者のうち七〇〇名もの人を選出して呼出状を送ったが、そのうち選任手続期日に裁判所に来た者はその一割にも満たない五五名、この中からさらに一七名が辞退を認められ、最後の抽選の対象とし

て残ったのは三八名に過ぎなかったということを報じています。

いよいよ裁判員制度下の刑事裁判は、暇人、物好き、変わり者の世界になったのかもしれないと案じられます。そしてまた、このように何百通もの呼出状を作成、発送、管理しなければならない裏方の裁判所職員（書記官、事務官）の苦労はどれほどのものでしょうか。彼らのそれだけの時間と労力は（そして予算も）もっと有意義な使い道がいくらでもあったでしょう。裁判所職員の間で、裁判員制度に対する怨嗟の声がどんどんが高まっているというのももっともです。

⑥　あるウェブサイト（「裁判員制度はいらないインコのウェヴ大運動」[11]）は、尼崎の連続変死事件での公判で、裁判所は二七〇人の裁判員候補者を選出したが、うち八六人が事前に辞退し、出頭を求めた一八四人のうち一一一人がさらに辞退し、結局呼び出したのは六二人。そのうち裁判所に来たのは四八人、その中からさらに四人が辞退して、抽選の対象となったのは四四人だったということを報じています。

最初の二七〇人と対比すると、裁判員になってもよいと思って裁判所に来て、最終的な抽選の母体となった者は僅かにその一六％余に過ぎません。国民の求めていない裁判制度を強行した結果がこれです。

そしてこの一六％という数字は、九二頁⑧の、国民中裁判員にあまり参加したくない、義務であっても参加したくないという者の合計が八五％に達しているという調査結果とほぼ合致します。

⑦　（朝日新聞）の報道[12]によれば、東京地裁は、二〇一三年一一月、オウム真理教の元幹部の公判のために、四〇〇人の裁判員候補者を選出したが、一二七人が事前に辞退したため、残った二七二人に裁判員選任期日の呼出状を送ったとのことです。

さらに、選任期日に裁判所に来たのは六一人だけで、当初の選定候補四〇〇人に対する出席率は一五

%にとどまったとのことです。

要するに、今や裁判員候補者から第一次の選出母体として数百人を選んでも、その中から半分以上の者が事前に逃げてしまう。裁判員として最終的に必要なのは補充裁判員を入れても八、九名だけなのに、選任期日に抽選が成り立つようにするためには、抽選の母体として最低でも二〇人は残ってもらう必要がある。そうすると、当日の辞退分を見込んで裁判所に五〇人くらいは来てほしい。出席率（欠席率）がどれくらいになるかわからないが、二七〇人も呼び出しておけば、来てくれるのがまさか五〇人以下ということもあるまい。

裁判所はこう考えて、八人程度が必要なだけなのに、三〇〇人ほどをも呼び出しているわけで、国民の制度離反の実情はもうここまで来ています。

なお、同じ報道によれば、これまで最も多い候補者を選んだのは二〇一二年の広島地裁の事件で七九五人、東京地裁の四〇〇人というのは裁判員制度史上四番目の多さだということです。国民の制度からの離反がさらに進めば、いずれ八、九人の確保のために一〇〇〇人以上の候補者を呼び出すようなことになるでしょう。国民が求めていない無理な制度を強引に現実化した報いです。

裁判員制度のキャンペーンに熱心なマスコミはこういう事実をあまり報道しようとしませんが、それでも、その新聞（本章注（12））はオウム事件での裁判員候補者の「出席低調」一五%ということを記事にしました。裁判員制度のキャンペーンに熱心な大新聞でもこういう具体的な数字を挙げて制度が国民の大部分から見放されていることを少しずつでも報じるようになったのは、真実を知る権利がある国民の立場からは歓迎すべき変化でしょう。

しかし、「黙殺」、「欠席」、「逃亡」しても過料の発動はなく、国民としては大丈夫なのだということは絶対に報道しません。裁判所からの呼出しに応じなくても何の制裁も不利益も不都合もないことが知れ渡ると、国民の圧倒的多数が逃げ出し、この制度がとても維持できなくなることがわかっているからです。

⑧　最高裁が二〇一四年一月に実施した国民への意識調査（世論調査）によっても、「あまり参加したくない」、「義務であっても参加したくない」と答えた者の合計が八五・二％に達しました（前者四〇・六％、後者四四・六％）。今や実に国民の八割五分以上がこの制度を見放しているのです。(13)

（10）　拙著『批判』七頁以下。

（11）　http://saibanin-iranainko.com/whats/html の「インコつつく」二〇一三年九月二一日の欄。

（12）　http://www.asahi.com/articles/TKY201311210382.html、『朝日新聞』二〇一四年一月一〇日付。

（13）　最高裁判所「裁判員制度の運用に関する意識調査」（二〇一四）五一頁。『全国情報』五四号（二〇一四）三頁。

事件の滞留

『全国情報』は、裁判員審理という無理な制度のために、全国で大量の事件が滞留している様子を繰り返し報道しています。あまりに不自然な裁判方式を導入したために、これまで述べてきた程に粗雑な圧縮審理を強行しても審理が追いつかず、事件がどんどん溜まり、被告人の無駄で気の毒な未決勾留はずるずると長引き、裁判所の裁判官や書記官まで疲労困憊という状況になってしまったのです。

九号（六頁）では、遠藤きみ弁護士が、二〇〇九年末までの起訴人数は全国で約一二〇〇人だったが、そのうち判決まで済んだのは約一四〇人に過ぎない、その上、裁判官や職員を民事部や家裁から刑事にどんどん回したので、民事や家事も殺人的な忙しさになって、ここでも事件の滞留が増えている、と書いており、二〇号（五頁）は、「審理期間が長期化している。制度実施前、最高裁は、多くの事件は三日以内で終わると言っていたが、実際に三日以内で終わった事件は全体の三六％に過ぎない。他方、五日以上かかった事件が二八％に上っている」と報じています。

同じ二〇号（五頁）は、最高裁のデータ（制度施行から二〇一五年一月まで）によれば、受理事件数三一〇〇件、判決言渡しに至ったのはそのうちの一七〇〇件余に過ぎないということを報じています。

二三号（四頁）では、最高裁発表の数字でも、二〇一〇年一月、五月、二〇一一年三月とで、公判前整理手続に要する平均月数が、三・一月、四・二月、五・四月と、公判の平均開廷回数が、三・三回、三・五回、三・八回と、いずれも着実に延び、あるいは増えていることを報じています。当然被告人の未決勾留日数も増えることになります（本書七四頁「それでも審理は長期化」参照）。

裁判員制度は重大事件だけを対象にしているのですから、審理が長期に及ばざるを得ないのは当然のことです。そんなことは最初からわかっていたことでした。それを無理やり短縮しようとして、これまでの常識からすれば呆れるような圧縮審理をしているのですが、重大事件の裁判が一応裁判らしいものであることと、「三日以内」ということとは両立不可能であることを、膨大な時間・労力・費用、そして国民への大変な迷惑を対価として改めて確認した、ということです。

(14)　地裁の民事部や家裁が殺人的な忙しさになってしまっているもう一つの大きな原因は、法科大学院制度を作って（これも司法制度改革審議会の提言）毎年大量の弁護士を生み出しているからです。弁護士を増やせば当然事件も増えます。彼らは収入を得るために膨大な事件を掘り起こしてくるからです。ここも審議会の見通しの甘さに驚くべきところです。

「罪名落ち」

重大事件で逮捕、送検された容疑者が送検時より軽い罪名で起訴されることを俗に「罪名落ち」と言います。

最近の新聞報道によれば[15]、共同通信の調査によると、殺人容疑で逮捕、送検された容疑者を検察官がそのまま「殺人罪」で起訴する割合がこの四年間で大幅に減り、二〇〇六年には殺人罪での送検が一七六九件、殺人罪での起訴が七三四件だったのに、二〇一〇年には送検一六一九件、起訴が四二四件で、その割合が四一％から二六％に大きく下落したとのことです。この傾向は他の重大犯罪でも同様で、強盗致死罪の起訴割合は三九％から二七％へ、強姦罪の起訴割合は五六％から四〇％になっているとのことです。

要するに、裁判員制度下では、裁判員が殺意や行為と結果との因果関係を認定してくれるかどうか検察官が危ぶんで、一段あるいは二段軽い罪名で起訴しているわけです。そしてこの記事はさらに、こういう「罪名落ち」が最近非常に増えてきたので、捜査の現場（警察のこと）に不満の声が挙がっているということも報じています。

(15)　私が見たのは、『新潟日報』二〇一二年七月二二日付朝刊です。三大紙は報道しなかったようです。

「罪名落ち」の問題点

「罪名落ち」とは要するに検察が慎重になっていることを示しているわけであり、それ自体は悪いことではありません。検察権の行使が慎重でなければならないことは言うまでもないからです。しかし、ここにはいくつもの問題点も隠れています。

その一は、既に本章「性犯罪の悲劇――この被害者を見よ」で述べた通り、強姦致傷という重大な犯罪の処罰が単純強姦で済む（あるいは、その単純強姦さえ無くて被害者の泣き寝入りになる）ようになってきている現実が確かに存在していることです。

その二は、一般論として、検察が裁判員を信用せず、起訴に過度に慎重あるいは臆病になると、重大犯罪が適切な処罰から免れることになるということです。特にこれからは、人を殺害しても、徹底的に殺意を否認し続ければ、検察は起訴罪名を殺人から軽い傷害致死に落としてくれる可能性がはっきり出てきたわけですから、殺人罪で捕まった者は皆そうしようとするでしょう。もちろん、例えば人の心臓部分を刃物で刺しておいて殺す気はなかった、などと言うのは通りませんが、殺す気はなかったので肩を刺そうとしたのだがもみ合いのうちに相手が動いたので胸に刺さってしまったのだ、などと言い出す者はどんどん出てくるかもしれません。

我が国の刑法は、犯人の内心の意思を重視し、人を死亡させた場合でも、殺意があれば殺人（上限刑は死刑、下限刑は懲役五年）、殺意がなく暴行か傷害の故意なら傷害致死（上限刑は懲役二〇年、下限刑は懲役三年）、暴行・傷害の故意もなければ過失致死（上限刑は罰金五〇万円、下限刑は罰金一万円。過失もなければ……つまり不可抗力なら……当然無罪）と明確に区分しています。そのため、犯人の主観的な意思が大きな意味を持っており、その立証ができるかどうかで刑に大差が出るのです。そこで、きわどい事件では、法律の条文にはない「未必の故意」（「相手を本当に殺そうと思ったわけではなかったが、死ぬかもしれない、それでも仕方がないと思った」という意思）という概念で対処しているのが現状です。

これに対して、犯人の主観的意思ではなく、客観的な犯情によって一級殺人、二級殺人と区別するような立法であれば、このような問題は生じません。つまり、我が国の刑法はそもそも陪審・参審という国民参加に対応できるように作ってあるのかどうかという問題があるのですが、この制度を作った司法制度改革審議会はもちろんこういうことも考えてはおりません。

その三は、既に見た通り、警察という犯罪捜査、摘発の第一線に不満が鬱積してゆくことです。そしてこのことは必然的に、容疑者のはっきりした自白があれば殺意の認定に文句はあるまいとばかり、捜査過程で強引に自白を取ろうとする取調べに道を開く可能性が大です。現場の捜査官が強引な取調べについ魅力を感じてしまうような訴訟方式が、刑事司法のあり方として拙劣であることは明らかでしょう。

その四は、犯罪の被害者側にも不満を強いることです。例えば我が子を街中で無頼漢に殺された親としては、犯人が殺意を否認し続けた結果として、その犯人が殺人罪ではなく、傷害致死で済んではとても収まらないでしょう。

いずれも、長い目で見れば、司法に対する国民の信頼を少しずつ損なってゆくことは間違いありません。

裁判員擁護論者の無法

前記の新聞記事に対しては、「裁判員制度に詳しい」という制度擁護論者のある弁護士（高野隆氏）が、「検察が『勝てそうな事件』だけを起訴すれば、裁判員は検察を追認するだけになり、長期的に国民の司法参加が形骸化してしまう」というコメントを寄せていました。要するにこの人は、検察が慎重に有罪確実な事件だけを起訴していると、裁判員は検察の起訴は全部正しいと思い込む恐れがあるから、検察は起訴に慎重である必要はない、裁判員の教育のために疑わしい事件（「勝てそう」でない事件）も起訴すべきだと言っているのです。

この意見は、およそ裁判員制度の議論が始まって以来、最も乱暴なものです。裁判員の教育のために、検察は証拠が十分でない者も起訴せよというのですが、証拠が十分でないのに敢えて起訴される方の被告人はたまったものではありません。曖昧な証拠のままで被告人の座に立たされるというだけでも社会的、心理的に大変な迷惑ですが、その上、もし裁判員が圧縮審理の中で判断を間違えると、うんと重い刑を受けてしまう恐れもあります。

裁判員制度擁護論者にとっては、国民の司法参加という己れが信奉する主義だけが大切なのであって、それ以外の被告人の苦労や運命などは最初から眼中にないこと、被告人の運命を教材にして裁判員を教育しようと考えていること、そして、司法への国民参加が誤判・冤罪を防ぐなどという理念は所詮お題目であって、制度擁護論者でさえ信じていないことがよく伝わってきます。

なお、現行法では、検察官が証拠を十分検討せず、有罪判決を取ることはもともと無理であったのに強引な起訴をした結果として、被告人にされて大変な損害を被った、そして無罪になった、という場合には、元被告人は、検察官（国）を相手に国家賠償訴訟を提起することができます。検察官が過失で国民に迷惑をかけた場合には、国はその損害を賠償しなければならないわけで、検察官は法律専門家なのだから判断を誤ってはならないとされているのです（裁判官は過失で判断を誤っても賠償責任を負わないとされているということは前に述べました（本書三七頁「誤判に対する国家賠償」。検察官との相違について十分な合理性があるかどうか疑問です）。

ところが、この弁護士の主張は、裁判員に勉強させるため、疑わしい事件も起訴せよというのですが、そうすると、無罪判決の後、いい加減な起訴の結果として、ゆえなく被告人の座で苦しめられてきたその元被告人は当然国家賠償を要求するでしょう。そしてその賠償金はもちろん国民（つまり、本書の読者であるあなた）からの税金です。納税者としてはとても納得できる結論ではありません。

他方、こういう結果を避けるため、検察官自身も疑わしいと思いながらも裁判員の勉強のために起訴した事件では賠償には応じない、ということはできません。それは元被告人の人権を否定することです。結局、この弁護士が言うようなことにしていては、どうやっても正義が無視されることになるわけで、ごく一部とはいえ、裁判員制度擁護論者も司法のあるべき姿について何も考えていないことがよくわかります。

裁判官忌避制度

『全国情報』七号一〇頁は、横浜地裁での事件で、弁護側が「裁判長は実刑相当と裁判員を説得しようとした」と裁判長に対する忌避を申し立てたところ、裁判長は、訴訟を遅延させる目的での申立だとしてこれを退けた、弁護側はこれを不服として高裁へ即時抗告した、と報じています。

裁判官の忌避（きひ）とは訴訟法にある制度で、ある裁判官に不公平な裁判をする恐れがあると思った当事者が、その裁判官をその事件の審理から外してくれという申立をすることです。そういう申立があると、事件の審理は止まり、別の裁判官三名がその申立に理由があるかどうかを審理します。これが裁判官の忌避制度です。

実際にはこういう申立が通ることはほとんどない（認められたのは、この半世紀でせいぜい数件に過ぎません）のですが、あまり強圧的な訴訟指揮をすると当事者から忌避申立をされるかもしれない、そして審理が遅れるかもしれないという思いが裁判官にとって心理的なブレーキになっていたわけですし、また、本当にひどい場合には忌避申立が認められてその裁判官はその事件の審理から外されるということが裁判の公正さを守る一つの保障となっていたのです。

ところで、この申立があると審理が止まる（と訴訟法は規定している）のですから、忌避申立があると、別の裁判官三名がその申立を審理するのに、最低でも数日はかかります。また、たいていは却下されると書きましたが、却下された当事者は今度は高等裁判所に不服申立をすることができます。そうすると、関係記録を高裁へ送って、高裁の判断を仰ぐことになるので、高裁でもまず却下になるとはいえ、関係記録を高裁へ送り、高裁が（却下と）判断して、訴訟記録を返送し、元の事件の審理が再開されるまでにはどうしても二、三週間はかかります。

これまでの刑事裁判では、審理にある程度の時間がかかることは当然とされていたので、この申立があって、ここで時間が二、三週間増えても特に大きな問題は生じませんでした。被告人にとってはそれだけ審理が遅れることになりますが、余程の事情があると思えばこの申立をしていたのです。第一、未決勾留中の被告人にとっては、審理を少々引き延ばしても何のメリットもありません。

忌避制度の崩壊

ところが、裁判員審理では全く事情が異なっています。審理は、裁判長によってはストップウォッチを活用せねばならない程、分単位のスケジュールで決まっているのですから、審理途中の途中にこれが二、三週間止まるなどということは論外です。そこで、もし当事者から忌避申立があったら、その場で強引に却下して審理を進めないとスケジュールが大幅に狂ってしまうことになるのです。

刑事訴訟法には、忌避申立が訴訟の遅延を目的のみでされたことが明らかである場合には、忌避を申し立てられた当の裁判官が自ら却下の決定ができるという規定がある（二四条）ので、前記横浜地裁はこの規定を使って申立を却下したものと思われます。

しかし、これには大きな問題があります。

まず、申立をされた当の裁判官が自分で自分のことを判断するというのは、要するに八百長ということで、何とも不当なことです（民事訴訟法にも裁判官忌避の制度はありますが、民事訴訟法は刑事訴訟法より冷静にできていて、申立を受けた当の裁判官が自分で却下できるという規定はありません）。

また、法文上、裁判官が自分で申立の却下ができるのは、申立が訴訟の遅延「のみ」を目的でされたことが「明らか」である場合、と厳重な制限があるのですが、それを守っていては、審理が週単位で遅れることになるので、もし忌避申立が出た場合には、どんな場合でも裁判所はこの規定を濫用し、強弁を振りかざして、その場で却下することにするでしょう。そうしないと、元のスケジュールが守れなくなるからです。試みにこの裁判長に一体何を根拠に引き延ばし目的だと思ったのかと聞いてみても、とても答えられないでしょう。

裁判員制度は、裁判官忌避という、裁判の公正を守る制度の一つの機能を失わせることになるのではないかということはかねて指摘されてきた（拙著『批判』二〇頁以下）ことですが、何も考えていなかった司法制度改革審議会はこういうことももちろん考えてはおりません。

要するに、裁判員制度の下では、裁判の公正さを確保するための重要な手段の一つがなくなったのです。

検　証

検証というのは証拠調べの方法の一つで、「現場検証」という言葉もある通り、裁判官が事件や犯行の現場などに赴いて自分の目や耳でその様子を確認することです。「百聞は一見にしかず」ということわざがある通り、現場を実際に見ることは、証人の証言を聞いたり、証拠書類を見たりしただけで済ませることより格段に大きな収穫が実感として得られます。それは例えば、こんな所でこんなことをするのは無理だ、とか、A地点からB地点まで行くのにどんなに頑張ってもこれくらいの時間はかかるはずだ、とか、何月何日の午後何時頃なら、これだけ離れていれば人の顔などはわかるはずがない、ということが体験に基づいて明確に認識できるからです。誤判・冤罪として問題となった事件の中にも、裁判所がきちんと検証をしていれば、こんなひどい間違いにはならなかったのではないかと思われるものがあります。

さらに、証拠調べの方法としての検証には、他の証拠にはない極めて大きな特色があります。それは、検証は裁判官が自ら体験したことであるだけに、その信用性が一〇〇%であるということです。それ以外の証拠ではこういうことはなく、証人何某の証言は信用できない、とか、この調書のこの記載は信用できない、などということはいくらでもあるのですから、それと比較して検証の有用性は明らかです。

検証はもう無理

ところが、裁判員審理の場合には、六名（＋二、三名）の裁判員全員を現地まで連れて行き、全員に状況を実体験させることの技術的な困難さから、検証が実際には全く行われていないのではないかと危惧されます。少なくとも私は、裁判員審理で検証が実施されたという事例を聞いたことがありません。

陪審制の諸国では、陪審員を他の影響を受けないようにしながら現場まで連れていくことの技術的な困難さのゆえに、検証はほとんど行われていないそうで、[16]その結果、約四〇〇メートル向こうを走っている列車の中での出来事を目撃した、などという証言[17]があって被告人が有罪になったりする例（アメリカの陪審制下の冤罪として有名なスコッツボロー事件、一九三一年）が出たりするのです。

裁判員制度も同じで、裁判は国民参加の形式を整えるだけでよい、その結果、判決は正しくなくてもよい、被告人の運命はどうでもよい、手間ひまのかかることは皆省略する、という方向に舵を切ったことを象徴しているのが、証拠調べの中でもっとも面倒な検証（現地に行って、当事者の指示説明を聞いて、状況を直接見聞していれば最低でも半日、一日の仕事になります）を事実上止めてしまったということです。

裁判員審理の対象となるのは重大事件だけなのですから、その重大事件に限って証拠の中の王とも言うべき検証がなくなったということの大変な意味を国民はよく知っておかねばなりません。司法制度改革審議会はこういうことにも無頓着でした。

(16) ローク・M・リードほか『アメリカの刑事手続』(有斐閣、一九八七)二七二頁。

(17) http://en.wikipedia.org/wiki/Scottsboro_Boys。但し、これは陪審事件なので、評決には理由が付されていず、この証言の機能の有無・程度は判定不能です。

審理の再開

審理を終えた後は、その審理の結果に基づいて評議を行い、その結果を言葉で表現する、つまり裁判官が判決書を書くという過程へ進むことになります。

そして評議の結果として何か疑問の点、未解明の点が出てくるということはよくあることです。また、裁判官が判決理由を書いていくうちに疑問の点、未解明の点があることに気がつくというのは、およそ裁判官の経験がある人なら誰でも経験があることです。これは、抽象的な思考を実際の現実的、具体的な言語で表現して議論をする、あるいはそれを文章に表してゆくという過程に必然的に伴うもので、これは誤判防止に極めて大きな役割を果たしています。陪審制は誤判の宝庫と言ってよいほど誤判が多い(本書一七六頁「陪審による誤判」参照)のですが、その理由の一つは陪審の評決にはそう判断した理由がつかないからです[18]。ですから、陪審制では、陪審員の感情的、直感的な判断がそのまま通ってしまうのです。

そして従来の裁判官審理では、評議あるいは起案の過程で、疑問の点、未解明の点があることに気づいたら、審理又は評議を再開して、その点をさらによく調べるというのは当たり前のことでした。そうでなければとても「事案の真相を明らかに」（刑事訴訟法一条）することができないからです。

ところが、裁判員審理ではそうはいきません。評議が一旦終了したことになって、裁判員が肩の荷を降ろした気分になり、そして帰宅して数日もたってしまったような場合には、判決書起案に際して疑問の点、未解明の点が発見されたからといって、彼らをもう一度招集し直し、審理を再開し、又は再度の評議に及ぶというのは、法律上は可能とはいえ、実際には極めて難しいことです。裁判員としての任務はもう終了した気になって、あるいはそこまでの時間はかねて用意していないといって、今度の呼出しには応じない人もいるでしょうし、また、首尾よくその六人を揃えることができたとしても、前の集中した公判とこれに接続した評議という緊張した雰囲気を取り戻すことはもうほとんど不可能でしょう。

そこで、これまでは、評議あるいは判決書起案の段階で、裁判官が不明な点、未解明の点に気づいたとしても、もう今更どうにもならないと言ってそのまま強引に判決内容とその表現を決めてしまうことがあったのではないかと想像されます。

ところが、二〇一三年一二月一九日付の『朝日新聞』新潟版が、新潟地裁でのある裁判員裁判で、審理終結後の評議で疑問が出てきたため、裁判員の希望で審理を再開した、これは裁判員裁判では極めて珍しいことである、ということを三段抜きの大きな見出しで報じました。

審理を終結した後、不明な点、未解明な点があることに気づいて、真相を明らかにしようとして一旦終結した審理を再開することを「極めて珍しい」といって新聞が大見出しで報じるのが裁判員制度です。

この記事に、ある市民団体の代表という弁護士が、裁判員裁判では「裁判を迅速に進めることが優先される現状があるため、今回のようなケースは聞いたことがない」、「裁判員の意見を配慮し、審理を尽くす裁判所の判断は、市民参加型裁判にとって大きな前進」とのコメントを付していました。

裁判員制度を応援している側でさえ、裁判員裁判では真相追求より「裁判を迅速に進めることが優先される現状がある」ことを正面から認め、そして、裁判員裁判の現実では、被告人の運命を決める「裁判員の意見が配慮」されず、「審理を尽く」していないことを、裏面では認めているのです。裁判員制度とは裁判のシステムとしては実に恐ろしいものではありませんか。

(18) 拙著『裁判批判論』一三一頁以下。

証拠によらない裁判

前に、途中で入ってきた裁判員がある場合には、その人には、証拠本体ではなく、裁判長のレクチャーなどで心証を形成してもらうことが予定されているのだと書きました（本書二八頁「補充裁判員を使い切った場合」）。それだけでなく、裁判員を務めた結果として深刻なストレス障害に陥った人が国家賠償請求訴訟を起こして以来、裁判員の心理的負担を軽減するためとして、刺傷箇所の様子を写真ではなく絵で示したり、遺体写真に代えてイラストを用いたりすることが行われているようです(19)。

つまり、証人の証言を明確にするための補助的道具として使うならともかく、証拠代わりに、裁判所は裁判員に、証拠そのものではない絵やイラストで心証を取ってくれと言い始めたわけで、事実の認定は証拠によるという証拠裁判主義（刑訴法三一七条）が揺らぎ始めました。世界中どこを見てもこんなことをやっている国はありません。こういうものを「裁判」と呼んでよいのでしょうか。

（19）私が見たのは http://saibanin-iranainko.com/whats/html の「インコつっく」二〇一三年九月一四日欄、九月二一日の欄です。

裁判所の泥縄的対応

報道によれば[20]、裁判員を務めた者の精神的な負担を減らすため、審理を担当した裁判官が判決後にみずから裁判員経験者に連絡を取って心のケアを行う取組みを始めたとのことです。判決後、一週間から一か月程度の時間を置いて、担当裁判官が直接経験者に電話したり、手紙を送ったりして、「精神的負担が残っていないか」、「体調に変化はないか」などと質問して話を聞き、不安があれば相談に応じることも伝えるというのです。

およそ国民の司法参加を行っている国で、こんなことをしている国の例も聞いたことがありません。そもそも裁判官にはカウンセラーの能力も経験もないのですから、当然のことです。そのうちに裁判官の研修に「カウンセラー業務」などというものが入ってくるかもしれません。今どきの裁判官は法律家としての誇りも持てず、つくづく大変ですが、そこまでしてこんな制度を実施しなければならないのかと思うのが普通の国民の常識的感覚でしょう。

（20）私が見たのは、http://saibanin-iranainko.com/whats/html「インコつっく」二〇一三年九月二六日の欄です。そして、これを引用したウェブ主宰者は、これでもし相手に「精神的負担がある」と言われたら、裁判官は、「国家賠償訴訟だけは起こさないでくれ」と懇願するのか、それとも、「素人のあなたの意見など判決に取り入れていないから気にするな」と慰めるのかと皮肉っています。

第5章　裁判員制度に期待したそれぞれの夢と思惑

問題の意味

裁判員制度の場合において注目されるのは、これを支持している人たちのその理由が恐らくさまざまであったし、今もそうであろうということです。さまざまな考え方の人たちが、理由はともかく、制度の新設と維持に賛成というその一点においてだけは一致していたため、本制度ができ、その後も何とか持ちこたえているのです。

検察庁・法務省

検察庁を抱える法務省は、裁判員制度に心から賛成であったとは思えません。本制度では、従来より検察官の手間暇は圧倒的に増えるし、構造上はこれまでより無罪が出やすいように見えるからです。新聞報道によれば、覚せい剤密輸事件で裁判員裁判による無罪判決が相次ぎ、このままでは我が国が薬物大国になってしまうという危機感から、制度見直しに当って、裁判員審理対象事件から覚せい剤関係事件を除外することも政府内部で検討されたこともありました(1)。つまり、政府は、裁判員による裁判の結果を信用できないと考え始め、立法によって対処しようとしたわけです（但し、実際の見直し案には盛り込まれず)。

それにもかかわらず、立法時に、法務・検察がこの制度に強力に反対しなかった理由は今となってはよくわからないのですが、可能性としては、(2)

・当時の首相、法務大臣がその旨の意向だったので、反対できなかった、あるいは、

・裁判官と検察官がしっかりしていれば、それほど無法なことにはなるまいと考えた(要するに、最初から国民参加を信用していなかった)、あるいは、

・審議会の答申の結果として本制度とセットとなっていた年間三千人という法曹人口の大増員構想が法務・検察にとって歓迎すべきものであったので、合わせ技としてまとめて呑んだ、

というものが考えられます。

この最後の件について付言すると、年間の新規法曹が三千人もいれば、検事志望者も一挙に増加するはずで、長年の懸案であった検事志望者の減少、検事不足という問題はたちまち解決しますし、それも若手で優秀な志望者の中からよりどりみどりで選べるようになるでしょう。これまで司法試験を受けるというのは要するに自由業である弁護士に憧れて決意する人が多く、自由業の対極にある検察官は修習生にあまり人気がなかったのです。それで検事希望者が毎年少なくて(同期生のうちの一割以下の四、五〇人程度)、検察庁は長い間検事不足、人手不足に苦しんできたのでした。また、せっかく検事志望の司法試験合格者がいても、「統一修習」の理念の下で多数の弁護士志望者と一緒に長期間の修習生活を

送っているうちに弁護士志望に鞍替えされるというのも普通にあることでした。

しかし、司法試験の合格者が年間三千人ということになると、そのうちの一割が検事を志望してくれるだけでも三百人になります。また三千人規模では裁判官志望者・検察官志望者・弁護士志望者を一緒にして研修させるというそれまでの統一修習方式は事実上維持できなくなりますから、修習期間を一年と短くしてとにかくまず検事に任官させ、その若手検事をそれからゆっくり実務で鍛えるという事実上の分離修習が達成できます。検察官志望の修習生を、弁護士志望の修習生の大群の中で長期間一緒に過ごさせることなく、独自に教育したい（これが分離修習）というのは法務・検察の長年の希望でした（この点は裁判官志望の修習生に対する最高裁も同じ）。

いずれにせよ、法務・検察がこの制度に反対しなかったのは、この制度の下では正しい裁判が実現すると考えたためではありません。

（1）『読売新聞』二〇一二年四月七日付朝刊。
（2）ある資料（共同通信社社会部『裁判員司法』日本評論社、二〇〇九、二〇四頁）によれば、審議会のある委員が「検察が審議途中で国民参加やむなしに変わり、制度設計が進んだ」との見方を示した」とのことで、検察は当初は国民参加に反対していたこと、それが途中で「やむなし」という消極的賛成に変わったことがわかります。

弁護士

弁護士が裁判員制度に賛成した理由は、司法制度改革審議会の審議過程ではっきりしています。彼らは、司法への国民参加が誤判・冤罪を防ぐと無邪気に信じ込んでいたのです。こういう考え方が誤っていることは、後に独立の項（本書一七六頁「陪審による誤判」）を設けて改めて説明しますが、審議会では頭からそう信じ込んで大きな声でそう主張していた人が会議をリードしていたため、会議全体がそういうムードで進行して行ったのです。まさに我が国特有の「空気」が事態を決めたと言えるでしょう。

最高裁報告書によれば（報告書四六頁図表三）、裁判員審理の下では裁判官審理の頃より無罪率は僅かながらも減少していますが、これは直視しておくべき事実でしょう。陪審制盛行のアメリカでは、陪審審理の方が裁判官審理よりはっきりと無罪率が低い(3)のですが、そういう現象とも一脈通じるものがあるのかもしれません。特に、我が国では裁判員審理の覚せい剤大量密輸事件の裁判で無罪が相次ぎ、このままでは日本が薬物大国になってしまうと危惧されていることは前に書きました。覚せい剤密輸事件では、通常、被告人が問題の物件が覚せい剤であることを認識していたかどうかで有罪、無罪が分かれることが多いところ、被告人の内心の意識は本人である被告人にしかわからないので、頼まれて運んだだけだ、中身が覚せい剤とは知らなかったという被告人の弁解を裁判員が安易に信用し、被告人が覚せい剤と知っていたことの立証が足りないとして無罪が相次いだのです。

無罪率は従来より減っている、そして、その数少ない無罪のうちの相当数が我が国を薬物大国化させるような事件である、というのが裁判員裁判の現実なのです。

さらに、裁判員制度が現実に始まってみると、これが短期決戦型の圧縮審理なのでその準備が大変で、多数の弁護士を抱えた大事務所ならともかく、市井の個人営業的な弁護士では無罪を争うような事件には到底対応できない、ということが明らかになってきました。また、裁判所側は審理を極力圧縮しようとしているために、十分な反証の機会を与えてくれない、という問題も出てきています。今、こんなはずではなかったと思っている弁護士は少なくないでしょう。

（3）　拙著『裁判批判論』一三八頁。

裁判所

裁判所は、裁判員制度をどう思っているのか。これは極めて重要な問題で、その上、裁判所が当初は裁判員制度に反対していたのに、その後は掌を返すように制度賛成に転じたという事実がありました。そのことは、この不可解な事態の理由と共に深く追求しなければなりません。そこでこれについては章を改め、「第7章　最高裁判所の変節」において検討することにします。

国家主義者

一部の国家主義者にとっては、この制度は国民を国家目的に大々的に動員する制度として大いに歓迎するところのものでした。

その典型的な一例として、嶋津格・千葉大学名誉教授の「裁判員制度擁護論のためのメモ」（http://mitizane.ll.chiba-u.jp/metadb/up/irwg10/Jin-H165-09.pdf）（ここでは「擁護メモ」と略称します。元は、「千葉大学大学院人文社会科学研究科研究プロジェクト報告書第一六五集・藤井俊夫編『学校教育における法教材の開発』（二〇〇八）に収められていたものです）を取り上げて、彼らの発想を検討することにしましょう。

この「擁護メモ」はこの報告書中で全八頁程度の短いものであり、筆者である嶋津教授自身も完成されたものではないと断っています。従って、ここでこのような形で検討、批判することが適切かどうか多少の疑問がないではありません。しかし、この「メモ」はネット上で誰でも読めるように公開されているだけでなく、裁判員制度賛成論者の意見としては極めて特色あるものなので、この制度を考える上で大きな材料となるものです。

この「擁護メモ」は、「民主主義と法」「裁判官はなぜえらいか」「事実認定」及び「メモ形式の論点列挙部分からなっています。同氏が拙著『正体』を批判するために使った表現をそのまま借りれば、前三者には「あまり見るべきものはない」のですが、第四部分はもっぱら『正体』への批判であり、これに関連して裁判員制度に対する嶋津教授の見解が述べられている部分です。

そこで同氏は、裁判員制度につき、以下のように述べています（①ないし④の番号は説明の便宜上私が付したもの）。

①　裁判員制度の導入がもたらす最大の利益は、上記［法廷での口頭での訴訟活動が中心となること］のように法律家の行動が変化することであるが、同時に『正義』も変化することが期待される。裁判で訴求され確定される『正義』が、国民が理解できる『正義』になること、が重要なのである。数ヶ月かけて山のような書類を全部精査しないと正しい結論が出せない、という手続き自体には、国民に理解可能な正義はない。たとえ資料が膨大でも、その内容を、対立する双方の法律家が、要約しポイントを訴えながら素人に判断を迫る、ことで初めて、正義が国民に『見える』ようになるのである。そして裁判員は自分に見える正義にしたがって判断する。裁判所が何をするところか、についての国

民の理解も、これによって変化することを、私は大いに期待している。

② ここには、国家（nation）と国民の関係についての基本的論点がかかっているのである。国民に納税以上の覚悟を要求する、という側面を裁判員制度がもっていることは否定できない。そしてこれ［国民の意識がそれを受け入れること］は、国家（nation）と国民の関係についての望ましい変化であると私は考えている。

③ 必要な場合には命をかけて闘うことを国民に要求することは、国家の本質ではないだろうか。

④ 裁判員になることは、兵隊に行くよりずっと軽い仕事である。そしてその程度の負担をする覚悟が国民にないと、国民と切り離されたところで、軍事専門家が、政治家が、官僚が、国民の名において国民を犠牲にするような決定を行うことが阻止できないのではないだろうか。戦前の日本は、この点が未熟だったと私は考えている。

これは裁判員制度というものを考えるに当たって、看過できない論点を提示しているものなので、以下ではある程度の紙幅を割いて、詳細に検討してみることにしましょう。

主要な問題点

イ　嶋津教授のいう裁判員制度賛成論の特色は、他の賛成論者とは全く異なり、憲法の規定の解釈や刑事裁判における真相究明などはそもそも念頭になく、誤判（裁判の世界では「誤審」という用語は使いません）の増加も覚悟の上で（同教授自身、この「擁護メモ」の中で、裁判員制度下で「誤審は多分増えるだろう」

と言っています。裁判員制度賛成論者でも、誤判の増加を予期し、そしてこれを許容するという人は恐らく少数派でしょう)、つまり、重大事件の被告人の運命を教材にして、「国家の本質」論から、国家と国民の関係について氏の言うような「望ましい変化」を期待している点にあると言えましょう。裁判員制度は、国民の国家に対する意識変革のためにあると言っているようなもので、司法制度改革審議会の委員も裁判員法を作った国会議員もこのような見解には驚くに違いありません。

ここに述べられているのは同氏の「期待」ですから、そのような期待を抱くことは、ここでも同氏の表現をそのまま借りれば、「議論としてそれでよい」でしょう。しかし、司法制度改革審議会は裁判員制度をこういう理由で提唱したのではないし、国会はこういう理由で裁判員法を作ったのではありません。法律制定後、さかんにこの制度の広報に務めてきた政府・最高裁判所も、裁判員制度にはこういうメリットがあると言っているのではありません。

また、同氏は、裁判員は証拠の全部に目を通す必要はなく、当事者が要約した「ポイント」で判断すればよいとも言っているのですが、証拠本体によらない裁判を勧めるというのは何とも乱暴な提言であるだけでなく、生の証拠に拠らずに当事者の「要約」に頼っていては（その「要約」が誤っていたらどうなるのでしょうか?）、誤判・冤罪が増えてしまう可能性が大です。誤判や冤罪は司法に対する国民の信頼を揺るがすもので、被告人やその家族、あるいは犯罪被害者に対する迷惑だけでは済まず、社会（国家と言っても同じ）全体を不安定にさせかねないものです。国家主義者である同氏の目がここに届いていないのは不思議です。

ロ　前記③について付言します。

そこでは「闘う」という文字が当てられていますが、その直前には「徴兵制を避けることができる時代は恵まれた時代であり、それがいつまでも続くことを私も希望しているが」という一文があり、これがそのまま前記引用部分に続く上、この後には「兵隊に行く」という表現も出てくる（④）ので、ここでの「闘う」という言葉は、闘争する、困難にくじけずに意志を貫くというような比喩的な意味ではなく、要するに、戦争をする、戦場で敵兵を倒す、という意味だと思われます。

そこで、国家の「本質」が果たしてそのようなものかどうかはともかく、同教授がこのような立場を取ることは、「議論としてそれでよい」でしょう。しかし、立法論としての憲法改正論ならともかく、国際紛争を解決する手段としての戦争を放棄した我が憲法が、我が国の「本質」をそのようなものとして規定し、全国民にそのような「要求」をすることを予定しているという解釈論に私は同意しません。大多数の裁判員制度賛成論者、推進論者でも、この点については恐らく同様でしょう。

なお、私は国防の必要性を否定するものではもちろんありませんが、今どきの軍事活動に徴兵令でかき集めた素人が役に立つとは思われず、効率的、実効的な防衛のためには、ここでも能力があって訓練を受けた専門家に任せるべきものであると思います。

ハ　さらに、前記④の部分についても付言します。

「[裁判員]程度の負担をする覚悟が国民にない」ことと、「軍事専門家……が国民を犠牲にするような決定をすることを阻止できない」ということとの間に論理的な因果関係を肯定するのは無理で、これは牽強付会の議論と言うべきものです。むしろ国民に命をかけて（他国と）戦う覚悟があれば、「軍事専門家」が国民を犠牲にするような決定をしても、喜んでそれに応じそうなものです。

また、同氏のこの論理では、戦前の我が国にも特殊なものながら一種の陪審制があって、当時の国民には「その程度の負担をする覚悟」は十分にあったと思われるにも拘らず、当時の我が国が「国民を犠牲にするような決定」をした結果として一九四五年の敗戦に至る大惨事を経験することになったことの説明ができません。

逆に、国民に、主権者として、憲法違反の義務の新設や刑事裁判の粗雑化を毅然として拒否することを期待する方が「軍事専門家……が国民を犠牲にするような決定を阻止」することに有用でしょうから、この辺の同氏の議論は混乱していると評するほかはありません。

この思想が意味しているもの

結局、嶋津教授の裁判員制度擁護論は、憲法下の刑事訴訟のあり方を論じるものでありながら、憲法の解釈や刑事裁判の具体的な方策を視野に入れていない点において当を得ない議論です。

そして、その独自の国家・国民関係論において、私が『正体』で危惧したことが早くも一部で現実化してきていることを感じます。私は『正体』で、「仮に裁判員制度を強行すれば、いずれ政府が国民に対し、もっと国家のために働け、個人の利害より国家の利害の方が重要だ、と言うことはいまよりずっと容易になるでしょう」、「こういう制度ができる前と比較して、制度新設後は、政府は、国民はもっと国のために働くべきだ、自分は国のために何ができるか考えるべきだ、と言いやすくなるのは当然のことです。そして何代か先の政府が、徴兵制を実施しようと思い立った時に、この裁判員法が醸成する国家奉仕の雰囲気と精神は、それに大いに寄与することになると思われます」と書いたのでしたが、その危惧がこれほど早く現実化するということまでは予想していないことでした。

というより、このような裁判員制度擁護論の根幹は、そのような状況を作り出すために裁判員制度を利用しようというにあると思われますが、この大胆な発想には、普通の裁判員制度賛成論者でも簡単には同調できないだろうと思います。現に、本書第Ⅲ部で説明する最高裁判所の大法廷判決は、裁判員制度を無理やり合憲化するためにあちこちで譲歩を重ね、その一環として、事実上、国民側に裁判員からの自由な辞退を承認したので、同氏のような発想が政策として現実化する可能性は、当面はないと見てよいでしょう。

しかし、同氏のような見解が堂々と登場するに至ったという事実には、我々は十分留意しておくべきだと思います。このような思想も、まさしく裁判員制度を支えているものであるからです。(4)

（4）　なお、このほかにも同氏の憲法論、刑事訴訟法論、裁判制度論には極めて問題が多いので、詳細は拙稿「裁判員制度批判補遺（1）」「法政理論」（新潟大学）四一巻三・四号（二〇〇九）（http://hdl.handle.net/10191/12577）をご参照下さい。

第6章　痩せる一方の制度の理念

部分判決制度

この章では、司法への国民参加という裁判員制度の本来の理念が、当初の理想にもかかわらず、実質的にはどんどん消失しつつあることを説明します。

まず、裁判員法は、早くも制度施行前の二〇〇七年に大改正され、区分審理、部分判決という、世界に例のない奇妙なシステムが持ち込まれました。

これは、裁判員の負担を軽減するためとして、審理の対象となる事件が複数の場合（例えば連続殺人事件）には、事件ごとに裁判員を分けて審理してもよいという制度です。例えば、審理対象事件がA事件とB事件の場合には、裁判員も二班を作り（裁判官は共通）、A班はA事件だけの審理をして被告人がA事件について有罪か無罪かということだけを決め、その結果を「部分判決」に表示してB班に申し送る、そしてB班は、B事件の審理をして被告人がB事件について有罪か無罪かを決めた上でA班から届いた部分判決をも合わせて全体の量刑をする、というものです（班分けをしないで、終始一班だけで審理、判決をすることも可能）。

つまり、B班はA事件の証拠は全く見ないで、A、B両事件の量刑をしようというわけで、世界中どこを見てもこんな乱暴な裁判をやっている国はありません。刑事裁判のある専門家（大久保太郎・元東京高裁部総括裁判官）が「珍無類のリレー裁判」と評したのももっともです[1]。

特にこの制度の無理なことは、裁判員A班がA事件について被告人は有罪と判断し、B班がB事件について被告人は無罪だと判断した時に極まります。B班はA事件の証拠は見ないで被告人のA事件部分について量刑をするわけですから、これは明らかに証拠に基づかない裁判です。

裁判員法がここまで無理をしたのは、国民にかかる負担があまり重いと、裁判員となった国民が裁判所に出てこないかもしれないということを恐れたためですが、本来、国民を刑事裁判に参加させるということは、国民にそれだけの負担をかけるということです。どんなでたらめな裁判になっても構わないというのでない限り、制度を作る方は、裁判のために国民には一体どれほどの負担をかけることになるのかという正しい認識をした上で、裁判のためにこれだけの負担は忍んでくれ、そのために人によっては人生が大変なことになるかもしれないが、それが裁判への国民参加ということだ、と正面から説明し、賛同してもらえなければ制度は潔く止めるというだけの覚悟が必要なはずです。現に陪審にせよ、参審にせよ、国民の司法参加をやっている諸国は、そういう信念でその制度を維持しているのです。しかし、裁判員制度の場合には、それだけの覚悟と気概は、司法制度改革審議会の委員にも、検討会の委員にも、政府の立法担当者にも、国会議員にもありませんでした。

裁判員の負担といっても大したことはないのだ、せいぜい数日のことなのだ、と国民をだまし続けながら公判を数回に圧縮する方法を探ってきたものの、重大事件が連続している場合にはどうやっても数回に収めることが無理であることが明らかになったので、施行期日が迫ってきた時期になって、裁判員のチーム制という呆れるような方策を出してきたのです。これは苦し紛れ以外の何ものでもありません。我が国は、社会の安全を守り、被告人の運命を決める裁判をこのような苦し紛れの方法でやり始めたのです。司法制度を弄んでいるようなものだと言ってよいでしょう。

そして裁判官三名は全部の事件に共通で、全部の証拠を見ているので、評議の時にも極めて大きな役割を果たすことは間違いありません。そうすると、裁判官だけが決めていたこれまでのシステムとほとんど変らないことになるでしょう。要するに、裁判員などはただのお飾りに過ぎません。

結局、裁判員制度を実行、続行したい側は、国民が裁判に参加しているという外形が残っていればそれだけで自分たちの目的は達成される（この点については後述します。本書一四四頁「『変節』の真の理由」）ので、裁判に国民の意見、感覚を反映させるのが無理ならそれはもうそれで構わない、国民参加の形だけ存在していればその理念などはもうどうでもよい、と開き直ったのですが、それを典型的に象徴しているのがこの区分審理、部分判決の制度です。

なお、最高裁報告書によると、それまでにこの区分審理がなされた事件は、被告人単位で数えて三四件でした（報告書二八頁、一〇一頁図表六五）。

（1）　大久保太郎「裁判員制度のウソ、ムリ、拙速」『文藝春秋』二〇〇七年一一月号。

辞退の自由

後に改めて触れます（本書二〇九頁「裁判員からの辞退自由を追認」）が、裁判員制度を合憲だとした大法廷判決は、裁判員の義務が国民に「意に反する苦役」を強制することにはならないとするために、国民の裁判員からの辞退は自由だと言わざるを得ませんでした。つまり、やりたくない者はやらなくてよい、「意に反する」ことを強制することはしない、と言ったのです[2]。だから憲法違反にはならないというわけです。

しかし、これは司法への国民参加への理念には全く反することです。司法に国民の健全な感覚を反映させるためには、裁判員をやりたい、人を裁きたい、人を死刑にしたい、公判に出るための暇はたっぷりある、という人ばかりが集まってきては国民全体の健全な感覚の反映にはなりません。国民各層のさまざまな人に評議、判断をさせてこそ、司法に国民の感覚を反映させるという本当の国民参加になるのです。そして、司法への国民参加という過酷な義務を国民に負わせることを正当化するのが、あるいは憲法上の明文であり、あるいは数百年にわたる国民参加の伝統であったのです。

しかし、そのどちらも存在しない我が国では、最高裁は裁判員制度の本体だけは守ろうとしてずるずると後退し、国民参加の理念を一層削らざるを得なかったのでした。

(2)　後に改めて触れます（本書二〇五頁「参政権との比較は無理」）が、裁判員制度を合憲とした最高裁大法廷判決は、このほかに、裁判員の職務は、司法権の行使に対する国民の参加という点で参政権と同様の権限を国民に付与するものだから、これを「苦役」と呼ぶべきではないとも言いました。これは誰が聞いても屁理屈だと思うでしょう。

また、裁判員制度賛成派の弁護士の中には、「苦役」とは強制労働のことだと主張する人もいました（第3章注（1）『激論！「裁判員」問題』一三四頁高野発言）が、裁判員の役務は十分に強制労働です。仮に論者が強制労働とは肉体労働に限るのだというのであれば、それは無理です。肉体労働であっても精神労働であっても、それが終わればへとへとになるようなものはすべて「苦役」です。

控訴審の扱い

三審制の世界において、一審にのみ国民の代表が関与している場合、控訴審の扱いをどうするのかというのは悩ましい問題です。国民の感覚が反映しているはずの一審判決を裁判官だけの控訴審が自在に変更できるとすると、国民参加の理念が損なわれるし、他方、一審の判決が絶対だとすると、誤った判決でも貫徹してしまうことになるからです。

陪審制ではこの部分を割り切っていて、事実認定の問題は陪審が関わる一審だけが扱い、控訴審、上告審は法律問題だけを扱うことになっています。そこで、控訴審、上告審は、陪審が決めた事実認定には（正面からは）介入できないことにして、役割を分担しています。そこで無実であるのに一審有罪とされた者は、「オレはやっていない！」という理由で控訴することはできません。第二次大戦中まで我が国がやっていた小規模で特殊な陪審制でも、事実認定に関しては陪審の判断を尊重していて、陪審を経た一審の判決には控訴はできず、法律問題を争う上告ができるだけであったことは前に（本書七頁「予備知識その三――我が国の陪審制」）説明しました。陪審制の下では、「民の声は神の声」なのですから、神の声が誤っているということはあり得ないのです。

しかし、我が国の現行刑事訴訟法は、陪審、参審を予定していませんから、控訴審でも事実関係の調べも新たな事実認定もできることになっており、控訴審は、裁判員審理の一審判決でも、法の適用はもとより、事実認定が間違いだと思えば、一審判決を破棄して、独自の判決を出すことができるのです。

他方、裁判員制度の理念を守ろうとするなら、国民の感覚が反映しているはずの裁判員裁判の一審判決を控訴審が変えることができるとしてはおかしいことになるでしょう。統計を見ると、裁判官審理の時代には、控訴審が事実誤認を理由に一審判決を破棄したものが二・六％、量刑不当を理由に一審判決を破棄したものが五・三％、判決後の情状を理由に一審判決を破棄したものが八・四％あったのに、裁判員制度施行後は、これらがそれぞれ〇・五％、〇・六％、五・〇％、と顕著に下落しています（最高裁報告書三三頁）。

裁判員審理ではこれまでより重罰化の傾向が出ていることは既に述べましたが、量刑不当を理由に控訴審が一審判決を破棄した例が僅か〇・六％しかないようになってしまった、ということを国民は承知しておかねばならないでしょう。もう控訴審はないも同然と言うべきなのです。

最高裁から見た一審と控訴審

最高裁は当初、裁判員制度を守るために、裁判員審理の一審判決を極力維持、擁護しようとしました。ある薬物事件で、相当疑わしい内容ながら強引な理屈をつけて、そして裁判員審理の判決では事実認定が少々おかしくても構わないのだという割り切った補足意見つきで、覚せい剤の大量密輸事件で裁判員審理の一審の無罪判決を守り切った平成二四年二月一三日の判決（本書一四二頁「ある無罪判決」）はその典型でした。

しかし、こういうことをしていては我が国が薬物大国になってしまう恐れがありますし、ひいては裁判員制度自体が国民の支持を失うことにつながる恐れがありますから、最高裁は二〇一三年に入って手綱を締め直し、薬物事件で、裁判員審理一審で無罪、控訴審で一審判決破棄・有罪、となった事件で相次いで弁護側の上告を退けて、控訴審の有罪判決を維持する判決を出しました。最高裁平成二五年四月一六日決定（最高裁刑事判例集六七巻四号五四九頁）及び同平成二五年一〇月二一日決定（最高裁刑事判例集六七巻七号七五五頁）がそれです（「決定」というのは「判決」より形式、手続が少し簡単な裁判方式です）。これらの決定は前記平成二四年の判決とは直接抵触することのないように細心の注意を払って表現されていますが、それでも双方を読み比べてみれば、力づくでも裁判員審理の一審判決を守ろうとしているのか、それともそういうスタンスは捨てて、真実の探求を重視しようとしたのか、という相違が明確に読み取れます。

特に、右四月一六日の決定は、一定の条件下ではあるものの、明確な証拠はなくても、被告人に犯罪組織関係者と共同して覚せい剤を輸入するという意思を暗黙のうちに通じ合っていたものと「推認」して共謀を認定してよい、という大胆な手法を肯定していることが注目されます。

つまり、最高裁は、裁判員審理の一審判決には国民の感覚が反映されているのだからその内容如何にかかわらず維持しなければならないという本来の理念を捨て、場合によっては、裁判官だけで構成されている高等裁判所の判断が裁判員の判断より優先することを許容したわけで、その分だけ国民感覚の反映という要請を減退させたのです。

改正法案

裁判員制度という、これまでの我が国の司法史に例のない試みをするに当たって、裁判員法には、施行三年を経たら制度を見直すというシステムが最初から盛り込まれていました。附則九条の規定がそれです。

それで、二〇一三年中にその見直しの内容を検討するために、法務省に「裁判員制度に関する検討会」という会議が設けられ、そこでは、被告人の辞退権、薬物犯罪・性犯罪・死刑事件の除外、裁判員経験者の守秘義務の範囲の緩和などの論点が議論されました（制度廃止は最初から検討対象外。委員は制度の支持者ばかりで、制度自体に熱心に反対を唱えるような者は最初から委員にしていない(3)）が、最終的に答申に盛り込まれて二〇一四年の国会に提出される主要な改正点は、審理に極めて長期間を要するような事件は裁判員審理の対象から外し、裁判官だけの審理とする、ということだけでした。そして、ここで言う「極めて長期間」（を要する事件）というのは、年単位で裁判員が拘束されるような事件を想定していて、かつてさいたま地裁で現実にあったような一〇〇日程度のものはここにいう除外対象にはならないというのです。

「年単位」の拘束というのも驚くべきことで、仮に審理に一年以上かかる事件が除外対象となるというのであれば、半年や一〇か月にわたって拘束し、裁判員を務めさせるのは構わないことになります。司法に国民の感覚を反映させると言いながら、裁判員制度支持論者たちの感覚がいかに国民の常識からかけ離れたものであるかよく伝わってきます。

他方ではしかし、およそ国民の司法参加を実行している国で、一定規模以上の事件は対象事件から外す、換言すれば、一定規模以上の事件には国民の感覚が反映しなくてもよい、としている国はもちろんありません。前に「部分判決」の項でも述べた通り、制度施行側は国民参加の実行に関する覚悟と気概が定まっておらず、しかし、国民がこの制度を支持していないことだけはわかっているので、国民に決定的に離反されそうなことからはじわじわと後退しているのです。つまり、ここでもまた裁判員制度の当初の理念が減退したことになります。要するに、企画自体がそもそも無理だったのです。

（3）この「検討会」の委員名、議事概要、議事録は法務省のウェブサイトで公開されていますが、その委員一一名のうち四名までが裁判員制度の詳細を決めた「裁判員制度・刑事検討会」の委員だった人です。また、ここでの座長は、司法制度改革審議会で裁判員制度という最終意見をまとめるという中心的な役割を果たし、その後の「裁判員制度・刑事検討会」でも座長を務めた井上正仁・東大教授でした。

第Ⅲ部　最高裁判所と裁判員制度——変節の悲劇

第7章　最高裁判所の変節

裁判員制度の憲法的序幕

次にこの第Ⅲ部では、我が国の司法府の頂点である最高裁判所に、裁判員制度をめぐって何かと不審な動きがあり、このような最高裁判所に我が国の刑事司法政策をリードさせていては我が国の将来が危ぶまれること、そしてそれは最高裁判所という組織に重大な問題が伏在していることに起因していることを見ていくことにしましょう。

まず、裁判員制度というものができたのは、第Ⅰ部で説明した通り、司法への国民参加（特に陪審制）が誤判・冤罪を防ぐと無邪気に信じ込んでいた弁護士やその仲間たちが、司法制度改革審議会で強硬にそういう主張を展開したことに端を発します。法律専門家が半分以下という異様な審議会で、陪審派と反陪審派とが激突し、妥協の結果として一種の参審制である裁判員制度が提唱されたのでした。

その審議会と最高裁との間で最初に公式の接点が生じたのは、二〇〇〇年九月一二日の司法制度改革審議会の第三〇回会議でした。この時、最高裁は、審議会に事務総局の総務局長(1)を派遣して、「参審制について、憲法上の疑義を生じさせないためには、評決権を持たない参審制という独自の制度が考えられるのではないか」と言わせたのでした。くじで選出した国民に、被告人の運命を直接左右する評決権を付与することには憲法違反の疑いがあるというもので、憲法を曲解せず素直に読めば当然そうなるはずのものです。

さらにその場での総務局長の説明によれば、審議会でそのような意見を述べるということは最高裁判所の裁判官会議（これは最高裁の最高意思決定機関です）での了承を得たものであり、国民が直接評決権を行使するような制度には憲法上の疑義があることなどを踏まえ、最高裁判所が提案するものとしては、評決権がない参審制にしたらどうかということは最高裁判所裁判官（一五名）の大方の意見の一致を見たところであった、ということでした。これは審議会の議事録に明記されています。

つまり、この段階での最高裁判所は、国民の間からくじで選び出した裁判官でない者に裁判官と同等の評決権を行使させることには憲法上の疑義がある、つまり憲法違反の疑いがあると考えていたのです。

しかし、結果としては、それから四年後の二〇〇四年五月に裁判員法が成立し、さらにその五年後の二〇〇九年から施行されることが本決まりとなりました。

（1）この人は後に裁判の現場に戻り（最高裁判所事務総局の要職には、この人のように、判事の資格を有している人を充てています）、東京高裁の裁判長として、二〇一〇年に裁判員制度は憲法に違反しないという判決を出します（東京高等裁判所二〇一〇年一二月八日判決。東京高等裁判所平成二二年（う）第一六六三号事件）。

なお、最高裁が二〇〇四年頃までには裁判員制度合憲論に鞍替えしていたことはこの後の本文で述べます。

空前絶後の最高裁長官人事

二〇〇四年の裁判員法成立の時、最高裁判所の長官は最高裁長官として一五代目になる町田顕氏でした。この人は二〇〇六年一〇月に退任し、その後は一六代目として島田仁郎氏が二〇〇八年一一月まで長官を務めます。

そして、裁判員制度施行（二〇〇九年五月）の直前である二〇〇八年一一月に最高裁長官になったのが、二〇一四年三月まで長官を務めた竹崎博允《たけざきひろのぶ》氏です。この竹崎長官の任命については、それまでの最高裁長官の任命史上例のない特色がありました。最高裁判所長官になる前の竹崎氏は東京高等裁判所の裁判官（そのトップである東京高裁長官）だったのです。

それまで最高裁判所の長官は、最高裁判所の長官以外のヒラの裁判官、つまり一四名いる最高裁判事から登用されるのが例で、一九六六年に第四代長官となった横田正俊氏以来半世紀もその伝統が続いていました。それより前には、著名な学者であった人が最高裁長官に登用された例が二例だけありました（第二代田中耕太郎氏、第三代横田喜三郎氏）が、その後は半世紀以上、つまり一九四七年に発足した最高裁判所の歴史の大部分において、その長官は最高裁判所判事から選任されるという時代が続いていたのです。

最高裁判所以外の裁判所、つまり下級裁判所の裁判官からいきなり最高裁判所の長官になった例はそれまでに一例もありませんでした[2]。この空前の人事について、当時は、竹崎氏は東京高等裁判所の長官になる前に最高裁判所の事務部門全般を掌る事務総局のトップである事務総長を務め（二〇〇二〜二〇〇六）、そこで裁判員制度の円滑、順調な運用の準備に尽力してきてその詳細を熟知しているので[3]、裁判員制度の実施を成功させるためではないかと報道されたものでした。仮にこの報道が当たっていたのなら、特定の一政策の実施の都合ということが司法府のトップの人事に影響したことになります。我が国の司法史上決して名誉な事態とは思えませんが、政府、最高裁判所の裁判員制度への意欲というものもよく伝わってくると言えるでしょう[4]。

（2）但し、マスコミはいずれも、最高裁判事でない者が最高裁長官になるのは横田喜三郎氏以来〜年ぶり、と報じて、最高裁判事でない者が直接最高裁長官になった前例があったことを忘れずに報道しました。裁判所内部の者が最高裁判事を経ずに最高裁長官になったというこの人事の空前の異例さを読者に印象づけたくなかったのでしょう。

（3）第5章注（2）共同通信社社会部『裁判員司法』には、竹崎氏は、「司法制度改革審議会当時は最高裁経理局長【後に事務次長、事務総長、次いで名古屋高裁長官、東京高裁長官】として、裁判所の意見集約に深くかかわった」とあります（二〇四頁）。

（4）竹崎氏は定年を待たずに二〇一四年三月にその職を退き、後任には最高裁判事であった寺田逸郎氏が任命されました。なお、寺田逸郎氏の父君は一九八〇年代前半に第一〇代最高裁長官であった寺田次郎氏です。

そして、この寺田逸郎氏も熱心な裁判員制度推進論者です（『朝日新聞』二〇一四年五月三日長官インタビュー記事）。

ただし、前任の長官が苦労して漸く実施にこぎつけた制度を批判することは、就任早々の長官としてはできなかったのかもしれません。

変節

　さて、二〇〇四年に裁判員法が成立すると、政府（法務省）、最高裁判所、それに日本弁護士連合会が、猛烈とも言えるほどのキャンペーンを始めます。全国紙の全面広告やテレビでの広報番組が突然溢れ出すようになったことは、読者の皆さんの記憶にも新しいことでしょう。また、地方裁判所、地方検察庁、地元弁護士会もそれぞれに地元での広報活動に力を入れるようになりました。そして最高裁は二〇一一年には裁判員制度は憲法に違反しないという大法廷判決を全員一致で出すに至るのです。

　そうすると、二〇〇〇年（審議会での意見表明の時）から二〇〇四年（裁判員法成立の時）の間のどこかで、最高裁は裁判員制度には憲法違反の疑いがあるという見解を捨て、裁判員制度は憲法に違反しない、という見解に乗り換えたことになります。最高裁が徹底的に反対する法律案を内閣が国会に出すはずはないからです。

　その乗り換えがいつ頃であるのかということについては、これを明確にする資料がないので、何とも言えません。しかし私は、竹崎氏が最高裁の事務部門のトップである事務総長になった二〇〇二年の前後ではなかったかと想像します。

　というのも、ある資料(5)に以下のような記述があるからです。

「二〇〇四年に裁判員法が成立してしまうと、自ら以上に消極的だった現場の裁判官たちを納得させてきたのは、竹崎だった。

　竹崎が事務総長時代、幹部用にまとめた非公開の覚書には、こんな予測が示されている。

『刑事裁判は、今後ますます複雑な力学の中に置かれる。被害者サイドの声が更に強まり、被告人の利益との調整はこれまで以上に深刻になる。キャリア裁判官による詳細な判決だけで国民の信頼をつなぎとめていけるかという問題が必ず生じる。』

『外の目』を入れることで、裁判の正当性を強めることが、裁判所にとっても得策だという認識だ」（この「覚書」を本書では「竹崎覚書」と呼ぶことにします）。

そして最高裁は、裁判員法成立の二〇〇四年には明確に裁判員制度合憲の立場を取ることを公表しています。裁判員法成立後、最高裁は「裁判員制度広報に関する懇談会」という組織を作って制度広報のあり方を検討するようになったのですが、その第一回の会議の場（二〇〇四年七月二二日）で、最高裁事務総局刑事局である課の課長を務めていた某氏（判事資格あり）は、「裁判所はこの制度自体を当初から支持し、賛成してきたわけなんです」と、それまでのいきさつからすれば信じられないようなことを述べていました（同議事録）。少なくとも二〇〇四年の段階では、最高裁が制度賛成に鞍替えしていたことは明らかです。

しかし、国権の三分の一を担う司法の頂点に位置する最高裁としては、参審制につき、憲法適合性に疑義ありという考えを完全に合憲、と変更したことについて、当然国民に対する説明責任があるでしょう。この憲政上の大問題につき、最後まで意見の変更に口をぬぐったままというのでは無責任と言われても仕方がありません。

（5）山口進・宮地ゆう『最高裁の暗闘』二三〇頁（朝日新書、二〇一一）。

最高裁判所事務総長の釈明

この点につき、二〇〇七年秋の段階で最高裁事務総局事務総長の地位にあった大谷剛彦氏（その後、大阪高裁長官を経て最高裁判所判事に栄進）が、民間のある月刊雑誌の鼎談[6]においてこれに触れ、「［最高裁判所が［審議会の］早い時期に、評決権を持たない参審制について言及［したのは］……憲法上の疑義を生ぜしめないとの観点から考えられる一つの参加形態をして意見を述べたものです」と言いました。私の知る限り、最高裁の裁判官又は最高裁の裁判官ではなくても裁判所という組織の要職にある者が二〇〇〇年九月の審議会での意見陳述とその後の合憲論に基づく広報その他の大々的な準備活動の相違についてて公式に説明、釈明したのはこれだけです。

しかし、これほど大きな問題での意見変更に関する説明が、それも最高裁の裁判官ではなく、いかに内部では要職とはいえその事務方に過ぎない者によって、民間の雑誌の鼎談で、僅か数行でなされただけというのは、国民を軽視したものだと言われても仕方がありません。現にこの大谷氏自身、その同じ鼎談の中で、「国民から権限負託を受けた機関の、国民に対する説明責任ということが重視されてきています」と述べているのです[7]。

また、最高裁判所の裁判官会議での了承を得て、最高裁判所の裁判官の大方の意見の一致を見たという見解が、実は「考えられる一つの参加形態」に過ぎなかったというのもすさまじい話で、よほど国民を蔑視していなければ言えないセリフだと思いますが、このままでは、最高裁判所の判決やその裁判官会議が言うことも「考えられる一つ」の意見である、所詮その程度のものである、と受け取られる恐れがあると考えられます。

私は、最高裁が今言っていることが二〇〇〇年九月に審議会で発表した意見と異なっていること自体をおかしいと言っているのではありません。二〇〇〇年九月当時と後記大法廷判決当時（二〇一一）とでは、最高裁の全部の裁判官が入れ替わっています（我が国の最高裁判所の裁判官はしょっちゅう交代しています。アメリカの連邦最高裁判所の裁判官のように、一たび任命されたら数十年はその職にある、ということはありません）から、最高裁としての意見が変わるということはあり得ることです。最高裁の判例も時として変更されます。

しかし、最高裁が判例を変更するときには、一応その理由を判決中で判示しているのですし、判例変更の際に、従前の判断は「考えられる一つの」見解に過ぎなかった、などというものは皆無です。まして、裁判員制度は、前記の通り、一たびは最高裁判所の裁判官の「大方」が憲法違反の疑義があるとしていたのでした。

その問題の重大性に鑑みれば、今回の意見変更は、後述（第8章）する大法廷判決を含めて、最高裁が本来果たすべき任務にあまりに鈍感であったとの印象を禁じ得ません。

（6）　雑誌『論座』二〇〇七年一〇月号座談会「あなたが裁判員になる日（上）」七四頁。

（7）　本文で先程述べた「竹崎覚書」には、「あらゆる領域において透明性と国民に対する説明責任が強く求められるようになった。」という記述もあったそうです（本章注（5）山口ら『最高裁の暗闘』二三一頁）。大谷氏の「国民に対する説明責任」という発言が竹崎覚書の内容とそっくりであるのは恐らく偶然ではないのでしょう。

「変節」の理由

問題は、何故裁判所はこう極端に、正反対に意見を変えたのかということですが、その理由として考えられることがいくつかあります。私が考えたのは以下のようなことです。

その一は、裁判所にとってこの制度は予算上の「打ち出の小づち」であることです。裁判所はこの制度をタテにとって、新しい法廷庁舎が必要だ、裁判官が足りない、書記官・事務官が足りない、予算が足りない、まだまだ足りない、といつまでも言い続けることができます。

その二は、今後は、判決の責任の半分は裁判所にはなくなることです。仮に重大な誤判・冤罪が明らかになった場合、当時の裁判所の裁判官・裁判員の評決内容は外部からは窺い知れないことですが、国民の中には、裁判員が混じったためにこうなったのかもしれないと思う者が出てくるでしょう。裁判所にとっては、そう思ってもらえるだけで十分なのです。

また、先程引用した「竹崎覚書」に「刑事裁判は、今後ますます複雑な力学の中に置かれる。被害者サイドの声が更に強まり、被告人の利益との調整はこれまで以上に深刻になる」とあったことを思い出して下さい。刑事裁判では、犯罪被害者の利益と被告人の利益は対立していますから、どんな判決を出しても、必ず一方に、場合によっては双方に、不満が残ることは避けられません。要するに「竹崎覚書」は、これからの判決は、裁判官だけでなく国民も加わって出した結論なのだから、犯罪被害者も被告人も文句を言ってはならない、おとなしく従え、と関係者をなだめる手段として裁判員制度が使える、と言っているのです。

その三は、裁判所はどこかで、裁判員制度は裁判所の省力化（つまり手抜き）に活用できることに気づいたのではないかということです。

裁判は適正なものでなければならない、間違った裁判はあってはならないという理念を実現しようとすると裁判官は実に大変で、死刑もあり得る重大事件の場合には命を削るような苦労が伴うのですが、裁判などは適当なものでよい、少々間違っていても構わない（少なくとも、間違いがあっても、それは裁判官の責任ではない、責任は裁判官以外の誰かにあるのだから、裁判官は何も気にする必要はない）のだと開き直ると、裁判官は一挙に楽になります。

裁判員制度は一種の参審制で、裁判官も事実認定の判断に関与しますから、陪審制とは異なり、誤判・冤罪に対して裁判官が全く責任を負わないというわけにはいきません。しかし、その判断は国民から選ばれた裁判員が中心となって構成したのだという外観と風潮を作り出すことができれば、国民は、誤判や冤罪は裁判官ではなく裁判員の責任であり、裁判員を説得しきれなかった弁護人（冤罪の場合）や検察官（誤った無罪の場合）の責任であると受け取ってくれます。そして陪審制の諸国ではまさにこの通りの実情にあります。

そこで、一審判決はすべて裁判員の言う通りで足りるということにすれば、一審の裁判官はもう何も苦労する必要はなくなります。裁判員が有罪だという事件はそのまま有罪にし、裁判員が無罪だという事件はそのまま無罪にすればよいからです。

控訴審（高裁）では、一審の判決は国民の社会的常識が反映した正しい判決だという理由で全部の控訴を退けることにすれば、控訴審の裁判官は、それ以上はもう何も調べることも悩むこともないので、ここも一挙に楽になります。裁判員審理による判決には国民の健全な社会常識が反映していることになっているのですから、それを理由にして控訴を退けることは簡単なことです。

上告審（最高裁）では、刑事訴訟法上正規の上告理由とできるのは憲法違反と判例違反だけなので、現行制度でも高裁の判決が最高裁で逆転することはほとんどないのですが、高裁、最高裁が一致して裁判員審理の一審判決を守ることにすれば、裁判員の判断が最後まで貫徹されることになりますから、結局裁判官は全部裁判員任せで済み、自らは何の苦労もないことになります。

そのためには、高裁は、常に裁判員審理の一審判決を支持しなければなりません。一審判決が時々高裁で破れるということになっては、一審の裁判官は、高裁のチェックに堪える判決を出さなければならないということになって、審理も判決も丁寧にしなければならず、万事裁判員の言う通りで済ませておくということができなくなるからです。

また、このためには、最高裁も、常に裁判員審理の一審判決を支持しなければならず、万が一にも裁判員審理の一審判決を破棄した高裁判決があれば、それを改めて破棄して、裁判員審理の結論通りに戻しておかなければなりません。もしここで最高裁が、裁判員審理の一審判決を破棄した高裁判決を維持すると、高裁の裁判官は、一審の判決におかしなところはないかと常に注意していなければならないことになるからです。これに反して、裁判員審理の一審判決が常に最後まで維持されるのであれば、高裁の裁判官は一審判決が裁判員審理であったというそれだけの理由で常に控訴を退けていれば足りることになり、もう何も考えなくて済むことになります。

ある無罪判決

最高裁判所平成二四年二月一三日の判決（最高裁刑事判例集六六巻四号四八二頁）は、右仮説その三を強力に裏付けるものでした。

ある覚せい剤の営利目的大量密輸事件で、被告人は、ある物品（チョコレート缶）を外国から本邦に持ち込んだこと自体は認めていましたが、その中に大量の覚せい剤があったとは知らなかった、と陳弁し、裁判員審理の一審は、被告人が覚せい剤を持ち込んだことの認識があったことの証明が足りない、つまり被告人はそれが覚せい剤であるとは知らなかったのかもしれないとして、被告人を無罪としました。

誰からどういう趣旨でそのチョコレート缶を受け取ったのかということに関する被告人の弁解は二転三転し、また、名義人の異なる五通の外国旅券（うち三通は偽造旅券）を黒色ビニール袋に入れて持っており、覚せい剤が発見される前の段階では、この袋の中にあるのは企業秘密の書類であると答えてもいたのでした。

検察官の控訴を受けた高裁は、間接事実を総合すると被告人は問題の物件が覚せい剤であると承知していて持ち込んだと認定できると判断して、一審判決を破棄して被告人を有罪としたのですが、最高裁は、この有罪の高裁判決をさらに破棄し、一審の無罪判決が正しいとしました。被告人の弁解が転々と変わっていても、入国時に税関で申告すべき物はないと虚偽を述べていても、入国時に覚せい剤が発見され、これは何だと問われたときに「見た目から覚せい剤じゃないの」と答えていても、被告人の渡航費用を負担した者が覚せい剤密輸で公判中であるとしても、被告人が覚せい剤とは知らずに持ち込んだ可能性があるから、被告人は無罪だとしたのです。もっとよく調べ直せと高裁に差し戻すこともせず、いきなりの無罪でした。

私はここに、裁判員裁判の結論を変えることは許さない、裁判員審理による判決は少々論理が少々苦しくなってもそのまま最後まで維持する、という最高裁の強固な意志を読み取ることができると思います。

なお、この判決の本体部分（法廷意見）は裁判員制度については触れていませんが、ある裁判官が補足意見を付し、裁判員制度の下では、ある程度の幅を持った認定が許容されるべきだと述べています。ありていに言ってしまえば、裁判員裁判の認定は相当おかしなものでも構わないということです。

実はこれは司法への国民参加という理念に忠実な意見で、司法への国民感覚の反映ということを重視するなら、本来こうあるべきものです。国民が決めたものである以上、それは選挙の結果と同じようなもので、常に正しいのであって、そこに間違いとか事実誤認という観念を入れる余地はありません。陪審諸国で一審の判決に対して事実誤認を理由とする上訴を認めないのはこういう発想に基づくものです。

しかし、裁判とは、誰かの感覚を正しいとしてそれに任せればよいというものではない、訴訟外に確かにあったはずの真実を追求すべきもので、それに迫り切れていない判決は間違いだ、という立場に立つならば（我が刑事訴訟法はその第一条で、この「実体的真実主義」という理念を明確にしています）、このような意見に賛同すべきではありません。このような意見は、これからの刑事重大事件では事実上圧縮審理の一審だけでよい、三審制はもうなくなっても構わない、と言っているようなものです。(8)

(8)　このようにして覚せい剤の大量密輸事件で裁判員審理での無罪が相次ぎ、このままでは我が国が薬物大国になってしまうと危惧されるようになった結果、その後の最高裁は、裁判員審理での無罪判決を破棄して有罪とした高裁判決を維持するものも出すようになりました。本書一二四頁「最高裁から見た一審と控訴審」で述べた例がそうです。

「変節」の真の理由

ところが、最高裁が裁判員制度支持に転じた真の理由には、もっと壮絶なものであったようです。二〇一三年に至って、元裁判官瀬木比呂志氏から驚くべき所見が公表されました。瀬木氏はこう言います。[9]

ここで裁判員制度に関連して「重大な事実」を記しておきたい。

……竹崎長官を含む当時の最高裁におけるトップの裁判官達が裁判員制度賛成の側に回った理由については、以下のような有力な見方があるということだ。すなわち、［裁判員制度導入の］実質的な目的には、トップの刑事系裁判官達が、民事系に対して長らく劣勢にあった刑事系裁判官の基盤を再び強化し、同時に人事権を掌握しようと考えたという事実が存在するのは否定できない、という見方である。これは、有力な見方というより、表立って口にはされない公然の秘密という方がより正確かも知れない。私自身、先輩裁判官達がそのように発言した例をいくつも見ているし、刑事系の高位裁判官達が『最高裁が裁判員制度賛成の方向に転じてくれたおかげで、もう来ないと思っていた刑事の時代が来た』という会話を交わすのも耳にしている。

（中略）

裁判員制度の採用により……刑事系裁判官の地盤が再び強化されたのである。ことにキャリアシステムにおける昇進の側面においてそれが顕著になった。

そのことを裏付けるかのように、竹崎氏は、一四名の最高裁判事を飛び越して（最高裁判事を経験せずに）最高裁長官になるという、極めて異例の『出世』をしたし、……裁判員制度導入決定後、一時は、【裁判所という組織内】の重要なポストのかなりの部分を、数の上からいえば民事系よりはるかに少ない刑事系裁判官が占めるという異例の事態が起こった。

（中略）

裁判員制度導入が、刑事裁判に関する市民の裁判参加の実現という目的とは離れた……、どろどろした権力抗争に一部裁判官が勝利するための手段でもあったとするならば、それによって、裁判員として、また、納税者として、重い負担をかぶることになる国民、市民は、利用されたことになるのではないだろうか。


最高裁が裁判員制度反対から賛成に転じた真の理由は、国民の司法参加の実現でもなく、誤判・冤罪の防止でもなく、何と「どろどろした権力抗争に一部裁判官が勝利するための手段」であったというのです。これを聞いた国民は恐らく開いた口がふさがらないでしょう。こんなことで始まったこの制度のために、膨大な血税が浪費され、現場の職員は死ぬ思いをし、まじめに裁判員を務めた人が健康も職も失ったりしているのです。裁判員制度は合憲だと唱えて一生懸命制度の提灯持ちをしてきた御用学者や御用弁護士も、これを聞いてはさすがに鼻白む思いでしょう。

（9）　瀬木比呂志『民事訴訟の本質と諸相』（日本評論社、二〇一三）一八四頁以下。同旨、瀬木比呂志

『絶望の裁判所』（講談社現代新書、二〇一四）六六頁以下。瀬木氏は現在、明治大学教授。

第8章　最高裁判所大法廷判決

憲法の意味

さて、最高裁判所と裁判員制度の関わりにおいて問題となることのうち、最大のものはこの制度の憲法適合性です。憲法に違反するような政策はもちろん実行することはできません。そこで、この制度の憲法適合性につき、最高裁判所が「憲法の番人」として期待されているような役割を果たしたかどうかという点を、以下においてに検討してみましょう。

二〇〇九年五月から施行されている裁判員制度は、その立案当初から、さまざまな問題点が指摘されてきましたが、特に大きな問題点は、

① 国民はそもそもこういう制度を求めていない。
② この制度は、我が国の骨格を定めた日本国憲法に違反する。
③ この制度の下では、審理判断が粗雑になって、誤判や冤罪が増えるおそれがある。
④ この制度の下では、裁判員として駆り出される国民に多大な迷惑をかける。

の四つです。どの一つを取ってもこの制度の実施を思いとどまらせるに足りる程の重大な問題ですが、この第Ⅲ部では、既に述べた問題意識に基づいて、②を取り上げて検討します。

憲法は、最高法規として一国の国内法の中では最も重要なもので、すべての法律や行政命令に優先します。憲法に違反する法律や行政命令は無効で、裁判所には、すべての法律や行政命令の合憲性・違憲性を判断し、憲法違反だと思えばそう宣言する権限があるのです。司法審査権あるいは違憲立法審査権と呼ばれる権限です。

「違憲のデパート」

裁判員制度は、その立法当初から、さまざまな憲法違反の点が指摘されてきました。その主なものは以下の通りです。

① 憲法は、裁判員制度のような参審制を最初から予定していないのではないか（憲法第六章、特に七八条、八〇条違反）。

憲法は、その第六章において、裁判所、裁判官のありようを定めた条文（特に明確に定めているのが七八条、八〇条）を有しているのですが、国民の司法参加（陪審制、参審制）に関する条文、あるいは、それを示唆する条文、又は、国民の司法参加を前提としているような条文は全くありません。ということは、我が憲法は、司法への国民参加をそもそも最初から予定していないのだろうという推測が成り立ちます。

② 裁判員制度は、被告人の憲法第六章に定めたような裁判所の裁判を受ける権利を侵害するのではないか（三二条違反）。

これは上記①のことを、被告人の立場から着目、表現したものです。我が憲法は、刑事事件の被疑者

（起訴前の言い方）、被告人（起訴後の言い方）の権利を特に重視していて、その地位を守る条文が九か条もあるのです。これは先進国の憲法としては異例ですが、被疑者、被告人の権利が保障されていなかった第二次大戦前の苦い経験に基づいてこうしたのです。

③　憲法三七条一項は、被告人は「公平な裁判所の迅速な公開裁判を受ける権利を有する」と規定しているが、裁判員審理での裁判所はこの「公平な裁判所」に当たらないのではないか（三七条一項違反）。

これは具体的には以下のようなことです。

a　裁判官と裁判員の立場の相違が大きすぎる。

裁判官になるにはその資格にも任命手続にも厳重な制約があり、またその身分には憲法上の保障があって、裁判官を罷免するには弾劾裁判という厳重な手続が必要です。

他方、裁判員の場合には、事件単位で有権者から安直にもくじで選ばれ、また、その解任はほとんど裁判長の胸一つです。このような裁判員が裁判官と同等の票を持って被告人の運命を決める裁判所が公平な裁判所と言えるでしょうか。

b　構造上、裁判官だけの審理よりも不利になる場合が生じる。

例えば、裁判官だけの審理なら二対一で無罪が期待できたのに、裁判員が加わったために、五対四、六対三など結論が有罪方向へ逆転することがあり得ます。もっとも、裁判官だけの審理より結果的に有利になる場合もあり得ますが、裁判官だけの審理の場合よりも被告人に不利な事態が生じ得ることを最初から内包しているようなシステムを「公平な裁判所」と呼ぶべきではありません。

c　裁判員の負担の都合上、公判数回程度のラフな審理とせざるを得ず、認定も判断も粗雑なものとなる。

時間の都合で証拠調べを極限まで圧縮した裁判員審理では、いつ終えるかということを事前に決めておいて審理を始めるわけなので、時間をかけた丁寧な審理、丁寧な評議というのはとても期待できません。慌ただしく審理をし、それに基づいて慌ただしい評議をするほかはないわけですが、これを「公平な裁判所」と呼ぶのは乱暴でしょう。

d　手続更新の場合には、証拠調べの一部しか知らない者が全体の量刑に関与することになる（本書二八頁「補充裁判員を使い切った場合」参照）。

証拠の全貌を見ていず、その一部しか実見していない者が加わっている裁判所を「公平な裁判所」と呼ぶのはとても無理です。

e　区分審理が行われた場合には、証拠調べの一部しか知らない者が全体の量刑に関与することになる（本書一一九頁「部分判決・区分審理」参照）。

ここでも前記dと同じことが言えます。

⑤　公判前整理手続と一体になった裁判員制度は、被告人の証人喚問権・証人尋問権を侵害するのではないか（三七条二項違反）。

憲法三七条二項は、「刑事被告人は、すべての証人に対して審問する機会を十分に与へられ、また、公費で自己のために強制的手続により証人を求める権利を有する」と定めています。憲法が被告人に認めた手厚い保障の程が明らかです。

しかし、裁判員制度では、徹底した圧縮審理の上に、公判前整理手続で尋問すべき証人数やその尋問時間まで絞り込むこの制度では、被告人のこの権利が侵害されるおそれが大です。

⑥　裁判員制度は、裁判官の独立を侵害するのではないか（七六条、特にその三項違反）。

憲法七六条三項は、「すべて裁判官は、その良心に従ひ独立してその職権を行ひ、この憲法及び法律にのみ拘束される」（傍点引用者）と定めています。しかし、裁判員の意見が判決内容を決めるというこの制度がこの条文に反することは明らかです。これは陪審制についても同じです。

およそ国民の司法参加ということは、裁判に参加する国民の意向が裁判の結果に影響するのは当然のことで、これが全く影響しないというのであれば、それは国民参加の意味がありません。しかし、この条文は、裁判官は憲法と法律以外のものに「拘束」されてはならないというのですから、憲法が司法への国民参加を全く予定していないことはこの条文から明らかです。

⑦　裁判員制度では、証拠の採否と証拠調べの内容を事前の非公開の公判前整理手続で決めているが、これは裁判の公開の原則に反するのではないか（八二条一項違反）。

これについては既に第Ⅱ部第4章恐怖の裁判員制度非公開の公判前整理手続の問題点で説明しました。

⑧　裁判員制度は、裁判員にさせられた国民に意に反する苦役を強いるのではないか（一八条違反）。

憲法一八条後段は、「（何人も）その意に反する苦役に服させられない」と定めています。裁判員をやりたいという人はやればよいことですが、やりたくないという人にとっては、これまで犯罪などに全く縁がなかったのに、ある日突然裁判所に呼び出され、朝から夕方まで毎日法廷に端座させられ、時には全く理解できない証言をえんえんと聞かされ、時にはトラウマになりそうな悲惨な事件現場の写真を見せられ、どこの誰ともわからぬ人と一緒に不愉快な議論をさせられ、そして最後に、さあ、おまえの意見を言えと迫られ、その上、どんなに苦しくても、経験したことは死ぬまで誰にも話してはいけない、もし誰かに話したら秘密漏洩として罰金か懲役だ、というのは、やりたくないという者にとっては明らかに「意に反する苦役」です。

まして、有罪判決に加担した後、新しい証拠が出てきて元の裁判が誤判、冤罪と判明し、被告人とその家族に深刻な被害を及ぼしたことが明らかになった場合には、もう一生平穏な気持ちでは暮らせないでしょう。

これが「意に反する苦役」ではないというのであれば、もう我が国に「意に反する苦役」はなく、今後政府は、国民にどんな労役でも兵役でも自由に課すことができることになってしまいます。

⑨　裁判員制度は、裁判員にさせられた国民の思想及び良心の自由を侵害するのではないか（一九条違反）。

憲法一九条は「思想及び良心の自由は、これを侵してはならない」と定めています。

個別の法律は、それぞれ何らかの思想、法的価値判断を表したもので、それを守るために、違反行為に対しては国会が適当と考えた刑罰をもって処罰することにしているわけです。しかし、人によって考え方はさまざまですから、人によっては、この行為を処罰することは、あるいは、こんなに重く処罰することは承服できないということがあり得ます。しかし、国民を裁判員に動員するということは、必ずその行為を絶対的な悪として捉えよ、そしてその処罰の範囲は必ずこの範囲でなければならない、皆同じように考えよ、という一方的な制約を課していることになります。内心でどんな思想を持っていようが、とにかく裁判員制度は憲法違反でないことを受け入れよ、そして、政府、国会が定めた善悪基準に従って判定し、行動せよ、と迫るのは明らかにこの思想、良心の自由を侵害するものです。

また、国法に従うのは国民の義務であり、犯罪に対して罰則があるのは当然だと考える人であっても、現実に人を裁くとなると別問題で、自分は主義として、自分の人生観として、人を裁くということ、人を死刑台や刑務所に送るということはしたくない、という人もたくさんいるはずですが、それにもかかわらず、四の五の言わずに重大犯罪の被告人を裁けと強要するのは、明らかに思想、良心の自由の侵害です。

⑩　裁判員制度は、裁判員にさせられた国民の自由及び幸福追求権を侵害するのではないか（一三条違反）。

憲法一三条は、「すべて国民は、個人として尊重される。生命、自由及び幸福追求に関する国民の権利については、公共の福祉に反しない限り、立法その他の国政の上で、最大の尊重を必要とする」と定めています。

これは前記⑧、⑨で述べたことは、憲法一三条にも反しているという意味です。

⑪　裁判員という重い義務をくじで選ばれた者だけに負わせるのは法の下の平等の原則に反するのではないか（一四条一項違反）。

憲法一四条一項は、「すべて国民は、法の下に平等であつて、人種、信条、性別、社会的身分又は門地により、政治的、経済的又は社会的関係において、差別されない」と定めています。

くじびきによってある人は裁判員という重い負担を強いられ、そうでない人は裁判員の負担を負わないというのはいかにも不公平でしょう。くじ引きだから公平だということにはなりません。そのことは、くじ引きで特定の人にだけ重い税金を課し、くじ引きで特定の人にだけ何らかの労役を課すことが不公平であることを考えれば明らかです。特定の人にだけ、他の人とは異なった重い負担を負わせることは、その特定の人をどういう方法で選び出すことにしても、所詮不公平なのです。

なお、裁判員制度賛成論者の中には、裁判員は国民に義務を負わせるのではなくて、司法に参加する権限を与えるものだという人がいますが、くじ引きで特定の人にだけ「権限」が与えられるというのも「法の下の平等」に反すると言わねばなりません。

以上見てきた通り、裁判員制度は、憲法一三条、一四条、一八条、一九条、三二条、三七条、七六条、七八条、八〇条、八二条に違反するという救いようのない制度です。「違憲のデパート」というのは元来私の表現ですが、できる前からこれほどさまざまな憲法違反の可能性が指摘された制度はほかにありません。

最高裁判決に至るまで

裁判員制度はこのように、できた時からこの制度は憲法違反ではないかという強い批判にさらされてきたため、その合憲性が裁判所で争われるのは必至と予期されていました。そしていくつかの事件では、裁判員裁判で有罪とされた被告・弁護側が、この制度は憲法違反である（だから、裁判官だけの裁判でやるべきだ）と主張したのですが、いくつかの高等裁判所が、この制度は憲法違反ではない（だから、裁判員が混じって出した判決に問題はない）という判断を示し、それを不服とする被告・弁護側が最高裁判所に上告したので、係争の舞台が最高裁判所に移ったのです。

地方裁判所や高等裁判所も、ある制度や法律が憲法違反だと思えば、司法審査権に基づいてそういう判決を出すことができますが、地裁、高裁レベルでの違憲判決は稀です。裁判官は、憲法上はその地位と独立が保障されているとはいえ、実際には一〇年任期の国家の官僚にほかならず、裁判所という組織のいわば元締めでもある最高裁判所（事務総局人事局）の人事考課の下にあって、違憲判決などを出すと、人事処遇上（転任とか昇給とか）後で面倒なことになりかねないことが地裁や高裁の裁判官には皆よくわかっているからです。

このように、最高裁判所は、事件について最終的な判断をする組織であるだけでなく、全国の裁判所という組織を運営する組織でもあって、全国の裁判所や裁判官に対する予算や人事も一手に掌握しているという、極めて強大な権限を有しているところです。これまでに何度か最高裁事務総局という言葉が出てきましたが、裁判所という大きな組織全体でその内部の人事、経理、立法参画などのいわば行政的な仕事を全部引き受けているのがこの事務総局で、膨大な人員（総長、局長、主要課長など要職を占めている人は皆判事の資格を有しています）を抱えています。

被告人による裁判？

もっとも、二〇〇四年に裁判員法が成立してから、最高裁判所は、裁判員制度の広報を、膨大な予算や人員をつぎ込んで、極めて熱心にやってきました。あれだけ制度の広報、推進に務めてきた最高裁判所が、具体的な事件で制度の合憲性が争点となったからといって、今さら、あの制度は憲法違反でした、などと言うはずがなく、最高裁は間違いなく制度合憲の判決を出すだろうということはかねて衆目の一致するところでした。

また、先代の長官人事の異色さについては既に触れました。このような長官をいただく最高裁判所が裁判員制度違憲の判決を出すはずがない、ということも当然予期されていたことでした。

しかし、ある政策を支持、広報してきた役所が自分でその適法性を判定するというのは、被告人が自分自身の裁判をするようなもので、ほとんど八百長のようなものでしょう。

経過

さて、最高裁判所大法廷は、二〇一一年一一月一六日に、長官を含めた一五裁判官全員一致の判断で、裁判員制度は憲法に違反しないという判断を示しました。ここで検討の対象とするのはこの判決です(1)。本書ではこれを以下「本判決」と呼ぶことにしましょう。

これは、裁判員裁判の一審（地裁）で有罪となったある事件の被告人が、高裁でも有罪とされ、裁判員制度は憲法違反であるとの主張が容れられなかったので、裁判員制度は憲法違反であるとの主張を掲げて、最高裁判所に上告したのです。

ここで、本書でのこの後の説明の便宜のため、最高裁判所での事件の扱いに関する今の制度の内容を概観しておきます。

① 最高裁では、事実関係の問題は原則として扱わず、高裁で認定した事実を前提として、法律的な論点だけについてだけ判断を示します。

② 最高裁には、全裁判官一五人で構成する大法廷と、五人の裁判官で構成する小法廷とがあります。最高裁に持ち込まれる事件は大変多く、民事・刑事を全部合わせると年間数千件にもなります。これを全部小回りがきかない大法廷で審理判断していては時間がかかって大変なので、一五人の裁判官を三班に分けて小法廷を三つ作り、そのそれぞれで事件をどんどん処理することにして、特に重要な事件だけを大法廷で判断することにしているのです。

「特に重要な事件」の代表例が、ある法律や制度が憲法に違反しているかどうかということを（最初に）判断する場合と、最高裁判所の判例を変更する場合で、本件の場合にはこの前者に当たるので、大法廷が扱うことになったのでした。

③ 最高裁では、地裁、高裁の場合と異なり、各裁判官は最高裁判所としての結論（裁判官の意見が分かれた場合には「多数意見」ですが、分かれないこともあるので、ここでは「法廷意見」と呼ぶことにしましょう）と異なった意見がある場合には、それを判決上併記することができます。憲法（七九条）が定めている最高裁判所裁判官の国民審査のため、国民としては、最高裁の各裁判官がどんな意見の持ち主であるのかということを知る必要があるからです。

法廷意見の結論にはそもそも反対である、という意見を「反対意見」と言います。「少数意見」と言っていた時代もありました。

法廷意見の結論には賛成であるが、その理由付けには反対である（但し、別の理由で法廷意見の結論自体には最終的には賛成である）、という意見を単に「意見」と言います。

法廷意見の結論にも理由付けにも賛成であるが、まだ言い足りない、自分個人の意見としてさらに付け加えておきたいことがある、という意見を「補足意見」と言います。「意見」、「補足意見」と「反対意見」とは結論が正反対であるわけですが、最高裁の裁判官が個人としての責任と判断で、自分で筆を取って書く、という点で共通しているので、この三つをまとめて表現できる言葉があると便利です。そこで、講学用語ではこの三つを総称して「個別意見」と言います。

（1）　最高裁大法廷平成二三年一一月一六日判決最高裁刑事判例集六五巻八号一二八五頁。

この判決はこれから見る通り、その内容の論理が何とも粗雑なものなので、かつて私は判例評釈の形で全面的に批判したことがあります。拙稿「裁判員制度合憲判決にみる最高裁判所の思想とその問題点」『法政理論』（新潟大学）四四巻二・三号八一頁以下（http://hdl.handle.net/10191/17462）。私がこの第Ⅲ部で書いていることは、この判例評釈の内容をわかりやすく書き改め、相当量の加筆をしたものです。

本判決の内容

本判決の構成、つまり判断の順序は、以下のようになっています。

①　司法に国民が何らかの形で直接参加するということ自体は憲法に反しないか。

この論点に対して、憲法に違反しないという結論を導出した上で、それでは今度は、

②　裁判員制度というこの具体的なシステムは憲法に反しないか。

この論点に対しても大丈夫だと判断した上、今度は、

③　裁判員制度が相当の労苦を国民に強いることは憲法に反しないか。

これについても憲法違反ということはない、とした上で、最後に、この制度が優れた制度として社会に定着するためには、不断の努力が必要であるが、そうする努力の積み重ね自体に意味があるのだ、と結んでいます。

それでは次章以下において、この判決はどこにどのような問題点をはらんだものであるのかということを順次検討していきましょう。

私は最初にこの判決を一読したとき、その論理が粗雑で乱暴なことに驚いたのでしたが、私は判決のどこに驚いたのかということも、なるべく詳しく書いていこうと思います。要するに、この判決は、裁判員制度を憲法違反とすると「刑事裁判官の復権」を狙ったこの制度をもうやれなくなってしまうので、どんなに強引な理屈をつけてでもとにかく制度を合憲としなければならないという強固な意志によって生み出されたものなのです。

ただし、裁判所の判断は、当事者が上告理由に掲げたものに対してのみなされるのが原則ですから、この大法廷判決が既に述べた憲法上の数々の疑義全部に対して答えたものになっているわけではありません。

入口の問題

さて、この大法廷判決は、これから検討する通り、大きな間違いがあるのですが、内容に入る前に、そもそも判決の手続に誤りがあることに触れておきます。

およそ裁判所では、当事者がこの点について判断してくれと申し立ててきた事項についてのみ判断するのが原則で、当事者が申し立てていない事項について判断することはできません。これは最高裁判所における刑事事件の上告事件についても同じです。そこで、最高裁判所に申し立てる上告人は、被告人であれ検察官であれ、上告の理由を明示した上告趣意書を提出することが求められています（刑事訴訟法四〇七条）。元の判決のどこが不服なのか明らかにせよ、というわけです。特に、ある法律の合憲性が争われているような重大な事件では、当事者が判断を求めていない論点について勝手に判断を下すようなことはできません。

そこで本判決の対象となった刑事事件において、被告人（弁護人）はどんな理由を掲げて上告したのでしょうか。それは弁護人の上告趣意書に明記されていることですが、

「裁判員が混じった裁判所というのは憲法八〇条一項（裁判官の任命手続）に違反し、そういう裁判所が刑罰を科すのは憲法三一条（適正手続の保障）又は七六条二項前段（特別裁判所の禁止）に違反する。」

ということだけでした。これは、その「だけ」という言葉を含めて弁護人が上告趣意書に明記していることであり、最高裁の判例集にもこの上告趣意書がそのまま引用・添付されていますから、誰でも確認できます（最高裁判所刑事判例集六五巻八号の一三二二頁）。他方、制度の一八条違反（意に反する苦役の強制の禁止）ということは上告の理由に入っておりません。

違法な判断とその理由

ところが、最高裁の本件大法廷判決では、当事者が判断を求めていない憲法一八条違反という論点（前記本判決の内容の③）についても、ほしいままにこれも憲法違反ではないという判断を示しました。

当事者が判断を求めていない論点について判断を下すというのはもちろん違法ですから、本判決は何とその入り口から違法な判決ということになるのです。

最高裁が、何故このように極端な前のめりになって、当事者が判断を求めていない事項についてまで判断を示したのかということはよくわかりません。

考えられる第一の理由は、最高裁が軽率にも憲法一八条違反も上告理由に入っていると思い込んだことですが、有能な調査官がバックアップするという体制が完備している最高裁で、こういうことはあまりなさそうです。

考えられる第二の理由は、裁判員制度を擁護しようとする余り、憲法上問題になりそうなこと、あるいは学説上既に問題になっていることについては何でもこの機会に合憲だという判断を示しておき、以後は異論を許さない、ということにしたかったのではないかということです。しかし、良心の自由の侵害など学説上はかねて問題になっている別の憲法違反事由は取り上げていないことからすると、これも本当は違うのかもしれません。

そこで私が考える第三の理由は、発想としてはむしろ逆になりますが、最高裁は、裁判員をやりたくない者はやらなくてよいのだということをこういう形で国民に秘かに伝えようとしたのではないかということです。最高裁としては、裁判所の内部事情の関係でこの制度が存続すればそれだけで十分目的を達する（本書一四四頁「『変節』の真の理由」）ものであるところ、「国民の間であまりにこの制度の評判が悪く、無理に裁判員を務めて人生を棒に振る人まで出てくるようになってしまったので、本当はやりたくない者はやらなくてよいのだと言ってやりたい。しかし、それは条文の規定に真っ向から反することなので、最高裁として正面からそう言うわけにはいかない。そこで、「柔軟な辞退制度があって、やりたくない者は『辞退』できるのだから、『辞退』すればよい。やりたくない者に裁判員を強制するつもりもないし、そういう者に制裁を発動する気もない」というメッセージを秘かに国民に伝えたかったので、こういう上告理由があったことにして、こういう判断を示したのではないか、というわけです。

私には、この理由が一番ありそうな気がします。普通に判決文を読んでいただけではそこまでは伝わって来ないかもしれませんが、全国の裁判官ならすぐにその意とするところを悟ったでしょう。また、裁判所に来ない裁判員候補者に制裁規定を発動するということは、現場の第一線にいてこの制度に対する国民の不人気を肌で感じている一審の地裁としてはもちろんやりたくないわけですが、少なくとも判決のこの部分が制裁不発動にお墨付きを与えたという効果を有することは明らかです。つまり、現場の地裁としては、本判決のこの部分を読んで、最高裁も事実上、裁判員をやりたくない者はやらなくてもよいのだ、呼出に応じない者は放っておけばよいのだ、と言っていることがわかった、だから、法律上は呼出に応じない者には過料の制裁があることになっているけれども、それを発動して現場の自分たちが国民の批判を直接浴びる必要はないのだ、今までもこの制裁規定を発動したことはないのだが、それを最高裁も事実上許容したわけだから、これからも堂々と不発動のままでいよう、と考えたであろう、ということです。

この判決は、言渡しその日のうちに全国の裁判所に写しが行き渡ったわけですが、もしかしたら、この部分は実はこういう意味だという「注」がついていたかもしれません（この点につき、なお本書二一二頁「異様な国策判決」参照）。

第9章　疑問①　そもそも憲法上国民の司法参加は可能なのか

憲法と国民参加

それでは今度は、この判決の内容の論点を個別に検討していくことにしましょう。

最初の論点は、そもそも何らかの形での国民への司法参加を制度化することは、憲法に違反しないのかということです。まず、現行憲法の条文に即して、国民参加制度の可能性を考えてみましょう。

司法への国民参加を実施している国では、たいてい、その国の基本的なあり方を定める憲法で、陪審制なり参審制なりを採用するということを明記しています。従ってそういう国では、その制度が憲法に違反するかどうかという問題は最初から生じません。今、世界で最も盛んに陪審制を行なっている国はアメリカですが、アメリカでは、憲法で、刑事事件の被告人は陪審審理を受ける権利があるということを明記しています。そこでアメリカでは、いくら手数や費用がかかっても、裁判所は陪審制を実施しなければなりませんし、その反面として、国民としても陪審員に呼び出され、陪審員の義務を果たすのは憲法上当然だということになります。

しかし、国の基本法である憲法にそう定めていない国ではそうはいきません。そういう国では、被告人は、裁判官だけの裁判を受ける権利があるのではないか、裁判官以外の者の判断で運命を左右されることはないのではないか、他方、国民は、陪審員・参審員として裁判所に呼び出されることはないのではないか、という疑問が当然発生するからです。

そして、我が国の基本法として国家の骨格を定めた日本国憲法では、司法への国民参加について定めた条文が一か条もないことは先に触れました。これからすると、憲法は、司法への国民参加を行う気がない、そもそも最初から想定していない、この憲法の下では裁判官でない者に被告人の運命を決めさせるのは憲法違反になる、と理解するのが素直な読み方です。

もっとも、あくまでも裁判員制度を合憲にしたい御用学者は、憲法に司法参加に関する条文がないまま司法参加を実施している国を探し出してきて、フランスとドイツがそうだと言います。だから、憲法に国民の司法参加に関する条文がないままに司法参加を実施してもそれだけで憲法違反になるとは限らないというわけです。

しかし、この両国は司法に対する国民参加の歴史が我が国とは全く違います。この両国が司法への国民参加（陪審制）を始めたのは実にフランス革命の頃に遡るという、今から二〇〇年以上も前のことで、その後、両国とも陪審制の限界を認識して参審制に改めたのでした。つまり、この両国は二〇〇年以上の国民参加の歴史と実績を有しているのです。

その上、フランスもドイツもその後もさまざまな形での「政変」があって、憲法の全面的改正を重ねており、フランスの現行憲法が公布されたのは一九五八年、ドイツの場合（ドイツ連邦共和国基本法）は一九四九年でした。このような状況からすれば、何度目かの憲法の全面改正時に司法への国民参加に関する規定がなかったとしても、その点については今までと同じだから、敢えて書くまでもなかったのだろう、と誰しもが思ったでしょう。特に、新しい憲法が制定、施行されるまさにその時にも現に国民参加をやっていたのですから、これを廃止する、停止する、という明確な判断、条文がない限り、これは当然のことです。

しかし、我が国の場合には、事情がそれとは全く異なっています。敗戦直後の一九四六年に現行憲法を制定したとき、その直前まで十数年間、陪審制を採用していたとはいえ、それは極めて特殊で小規模なものでしたし、そして憲法制定のその時には国民参加をやっていなかったのです。その中で、そして後に触れる通り、陪審制を明文で導入してはどうかという一部議員の声を退けて、司法への国民参加について何の言及もない、それどころか、三八条三項、七六条三項のように明らかに陪審制を排除する規定を有する憲法を制定したのです。

本判決の苦しい論理

まず本判決は、「憲法に国民の司法参加を認める旨の規定が置かれていないことが、直ちに国民の司法参加の禁止を意味するものではない」と言います。憲法に国民の司法参加を認める規定は確かにないが、やってはいけないという規定もないのだから、別に禁止してはいないのだ、というわけです。

一般論としてそう言うことは不可能ではないでしょう。しかし、憲法に規定がないということが、憲法がそれを許容しているという意味になるものではないということも明らかです。問題は、憲法に規定がないということが、それを立法（国会）の自由な判断、裁量に任せるつもりで沈黙しているのか（言わば「沈黙合憲」）、それとも、そもそもそういうシステムを最初から全く想定していないためなのか（言わば「沈黙違憲」のかということです。本判決にはこの視点からの省察が足りません。

例えば、憲法には徴兵制に関して、これを認めるとも禁止するとも言っていませんが、これは国会の自由な判断で決めてよいことなので規定を置かなかったのではなく、他の条文（例えば「戦争の放棄」を謳った九条や「意に反する苦役」を禁じた一八条）からもそもそもそういうことは全く想定していないことが読み取れるので、規定を置かなかったのだ、ということは明白でしょう。また、今話題のいわゆる集団的自衛権の行使は憲法に違反するというのが歴代政府のほぼ確定した憲法解釈でしたが、憲法のどこにも集団的自衛権の行使を禁止するとは書いてありません。

のみならず、我が憲法の場合には、既に述べた通り、以下のような条文が厳として存在しています。


一八条後段「何人も……その意に反する苦役に服させられない」。

一九条「思想及び良心の自由は、これを侵してはならない」。

三七条一項「すべて刑事事件においては、被告人は、公平な裁判所の迅速な公開裁判を受ける権利を有する」

三八条三項「何人も、自己に不利益な唯一の証拠が本人の自白である場合には、有罪とされ、又は刑罰を科せられない」（これは陪審関係のみ）。

七六条三項「すべて裁判官は、その良心に従ひ独立してその職権を行ひ、この憲法及び法律にのみ拘束される」

八〇条一項「下級裁判所の裁判官は、最高裁判所の指名した者の名簿によつて、内閣でこれを任命する。その裁判官は任期を十年とし、再任されることができる」。

これらの条文を繋いでいけば、被告人の運命を決めることができるのは内閣で任命された裁判官だけであるということ、裁判官の判断が憲法・法律以外のものに制約されてはならないこと、国民が裁判関係の用務で駆り出されることはないこと、陪審制であれ参審制であれ国民参加はそもそも予定していないということが明確に浮かび上がってきます。それにもかかわらず本判決は裁判員制度を力づくでも合憲とせざるを得ない立場なので、これらの条文を無視してこの後に展開される論理は何とも苦しいものになっていきます。ここに挙げた順番に従って、順次それを見ていきましょう。

意に反する苦役

「意に反する苦役を強いられることはない」という規定からしますと、裁判員などやりたくないという人にとっては、裁判員として動員され、何日も、時には十何日も、ひどい時には何十日も、ほぼ連続で法廷に縛りつけられ、朝から夕方まで証人尋問を聞かされ続ける、というのが大変な苦役であることは前に説明しました。

但し、この点は今回の上告理由にはなかったにもかかわらず、最高裁が強引に判断を示したのですが、どういう理屈で「苦しい役務」ではないと言ったのかということについては、後（第11章疑問③国民負担はどうなるのか）に触れます。

思想・良心の自由

「思想、良心の自由は、これを侵してはならない」という規定（憲法でいう「良心」とは、例えば「良心的な行動」というような場合の良心とは全く意味が異なり、一種の専門用語であって、思想と同じ意味です）からすると、裁判などやりたくない、人を裁くということはしたくない、と思っている者に、人を裁けと強制すること、おまえはこの被告人に懲役刑がふさわしいと思うのか、死刑がふさわしいと思うのか、さあ、自分の内心の考えをここではっきり言え、と迫ることがこの条文に反することは明らかです。

また、法律の解釈問題は裁判官の専権ということになっていますから、場合によっては、裁判員審理で適用が問題となっている何かの法律（当然、裁判員法もここに入ります）につき、裁判員がこんな法律は憲法違反ではないのか、と思うこともあり得ます。しかし、その場合でも、裁判長がこの法律は憲法違反ではないことにするのでそれを前提に判断してくれ、ということもあるでしょう。他人の考えを前提として受け入れて自分の考えを決めよと強制するのが思想、良心の侵害であることは言うまでもないことです。

但し、この点は今回の上告理由になっていないので、本件判決もこれに対する判断を示していません。

公平な裁判所

被告人は、公平な裁判所の……裁判を受ける権利を有する、という規定からすると、裁判所はもちろん公平なものでなければなりません。もっともこれは、憲法にそんな規定がなくても、裁判が公平でなければならないのは当然のことです。

これに関するさまざまな問題点は既に本書一四九頁「違憲のデパート」の③で解説しました。

判断の構造

憲法七六条三項の「裁判官は、その良心に従ひ独立してその職権を行ひ、この憲法及び法律にのみ拘束される」（傍点引用者）という規定は、我が憲法が、司法への国民参加、つまり陪審制も参審制も採用する予定のないことをよく表しています。陪審制なり参審制なりを採用するということは、裁判の結果に陪審員、参審員の意見が反映する、ということであって、そうでなければ、つまり裁判の結果に陪審員、参審員の意見が反映しないのであれば、陪審制や参審制を採用する意味がありません。しかるに、この条文は、裁判官は憲法と法律以外のもの（例えば、陪審員や参審員の意見）に拘束されてはならないというのですから、陪審制、参審制が憲法の念頭にないことは明白です。

また、「下級裁判所の裁判官は、最高裁判所の指名した者の名簿によつて、内閣でこれを任命する。その裁判官は任期を十年とし、再任されることができる」（八〇条一項）という規定は、これを素直に読めば、被告人の運命を決めることができる、場合によってはおまえは死ね（死刑）と言うことができるのは、最高裁判所の指名した名簿によって、内閣から十年任期で任命された者だけである、と理解できます。裁判官はこの通りだが、そのほかに有権者からくじで選んだ者が裁判官と同等の権限を持ち、一緒になって被告人の運命を決めても構わないのだ、と読むのはとても無理です。

なお、自己に不利益な証拠が自白だけである場合には有罪とされない、という規定（三八条三項）は、憲法が陪審制を採用する予定がないことを明瞭に表しています。これについては後に項を改めて説明します（本章一七二頁「陪審制排除の根拠」）。

「総合的検討」

本判決は、その次に、「憲法上、刑事裁判に国民の司法参加が許容されているか否かという刑事司法の基本に関わる問題は、憲法が採用する統治の基本原理や刑事裁判の諸原則、憲法制定当時の歴史的状況を含めた憲法制定の経緯及び憲法の関連規定の文理を総合的に検討して判断されるべきものである」と言います。

憲法上の解釈問題を決するのに、憲法の文理以外にこれだけの前提を並べたのは言うまでもなく憲法の文理解釈だけでは苦しくなるので、「憲法の……基本原理」、「刑事裁判の諸原則」、「憲法制定の歴史的状況」、「憲法制定の経緯」などで糊塗せざるを得ないことを自認しているからです。この歴史的であるべき大法廷判決はその冒頭から、どんな理屈を使ってでも制度を合憲化せずにはおかないという最高裁の意図を明確に打ち出すものとなってしまいました。

我が憲法の制定過程において、実際にどんな議論がなされていたのかということは後の本章「憲法制定過程での議論」等で詳しく検討することにしましょう。

裁判官のあり方

本判決は、次に、（憲法の三一条ないし三九条の規定やその「第六章司法」の規定からすると）「憲法は、刑事裁判の基本的な担い手として裁判官を想定していると考えられる」と言います。

これはその通りです。憲法には、司法に関する諸規定において、裁判官に関する条文だけがあって、陪審制や参審制に関する条文がないのですから、そうとしか読めません。裁判員制度を生み出した司法制度改革審議会で指導的立場にあった法律専門家の意見も、「憲法は……裁判官の裁判によらずに有罪となることはないということを保障しているのではないか」「裁判官を全く除外して国民だけで裁判をするといったこと……は憲法上許されるかどうか疑わしい」というものでした[(1)]。つまり、裁判官のいない所で、素人の判断だけで被告人の有罪が決まる陪審制は憲法違反となると言っているのです。その結果、ここでこのように、憲法は、「刑事裁判の基本的な担い手として裁判官を想定している」と断定したということは、もはや陪審制の採用には致命的です。

もっとも、「基本的な担い手」というのは何とも曖昧な言葉です。どういう意味を持っているのか、限界はどこなのか、ということがよくわかりません。本判決がここで、裁判官を刑事裁判の「基本的な担い手」と敢えて曖昧な表現にしたのは、結論に裁判官の関与が絶対に必要だと言ってしまうと、裁判官の関与なしで被告人の有罪無罪が決まるような制度は憲法上許されないことになり、この段階で陪審制が違憲となって議論から弾き飛ばされる結果となって、この後の論理の運びに不都合をきたすからだろうと想像されます。わざと曖昧な言葉を使って逃げ道を残しておくというのは、最高裁大法廷判決にもあるまじき姑息な論法です。

(1)　佐藤幸治ほか『司法制度改革』三四〇頁以下（有斐閣、二〇〇二）。

下級裁判所の裁判官

本判決は、「下級裁判所については、裁判官のみで構成される旨を明示した規定を置いていない」と言います。だから、下級裁判所である一審では裁判官ではない者（裁判員）が混じっていても構わないのだというわけです。

憲法上そのように「明示した規定」、つまり、裁判官でない者が裁判をしてはならないと明示した条文はありませんが、前にも説明した憲法八〇条一項の「下級裁判所の裁判官は、最高裁判所の指名した者の名簿によつて、内閣でこれを任命する。その裁判官は任期を十年とし、再任されることができる。但し、法律の定める年齢に達した時には退官する」という条文を素直に読めば、被告人の運命を決めることができる、場合によっては「おまえは死ね」（死刑）と言うことができるのは、最高裁判所の指名した者の名簿によって、内閣が十年任期で任命した裁判官だけであると受け取れます。

そもそも憲法が本当に陪審制、参審制も想定していたのであれば、それを暗黙にでも示唆する条文が一か条くらいはありそうなものです。制度合憲論者は、憲法何条はこれこれしてはいけないとは言っていない、憲法何条にはしかじかでなければならないとは書いていない、と条文の穴を探してそれをつなぎ合わせるという薄氷を渡るような作業を続けているわけですが、憲法上、下級裁判所が裁判官のみで構成される旨を明示した条文がないことを言うならば、同じく憲法上国民の司法参加を明示した条文がないことにもバランス上充分な考慮を払うべきでしょう。むしろ後者の方が重要だと思われます。

陪審制排除の根拠

このように、本判決の論理によっても陪審制は既に危なくなっているのですが、それだけではなく、憲法三八条三項（先に引用した通り、被告人は自白だけでは有罪にならない、と定めた規定です）の規定は、憲法が陪審制を採用、許容するつもりのないことを明確に表しています。被告人が、確かに自分がやりました、と言っている場合まで、陪審員を招集し、陪審団を構成して、その前で証拠調べをしなければ有罪と決することができないというのは明らかに無駄であるからです。

そこで、陪審諸国では、被告人の自白があればそれだけで被告人は有罪となるというシステムを取っているわけですが、そういうことはできないと定めたこの規定からすれば、陪審制が憲法上許容されないことは疑問の余地なく明らかと言えましょう。

司法制度改革審議会が、司法への国民参加のうちで陪審制を排して参審制の一種である裁判員制度を採用したのは、憲法は「刑事裁判の基本的な担い手として裁判官を想定」していることが明白であるため、陪審員だけが被告人の有罪無罪を決める陪審制を採用しては、参審制以上に違憲性が際立つということにあったものと思われます。従って、本判決が国民の司法参加を許容しようとして陪審制をも一緒にして述べている部分は実は全く説得力がありません。さらに、この陪審制については本判決自身に無理な記述があることは後に改めて触れることにします（本書一九九頁「『陪審制よ、さようなら』という判決」）。

他国の事情

本判決は進んで、「歴史的、国際的な視点から見ると、欧米諸国においては、民主主義の発展に伴い、国民が直接司法に参加することにより裁判の国民的基盤を強化し、その正統性を確保しようとする流れが広がり、憲法制定当時の二〇世紀半ばには、陪審制か参審制が採用されていた」と言います。しかし、これも何とも粗雑で強引な議論です。

まず、裁判員制度の合憲性を論じる前提として、陪審制と裁判員制度のような参審制を「司法への国民参加」の名の下に一緒に議論するのが乱暴と言わねばなりません。この両制度は、そもそも由来、発想、機能を異にしているものであるからです。そして、我が憲法の下では、陪審制はとても無理であるということは既に述べました。

結局、陪審制と参審制の二つを一緒にして、双方合体状況が憲法に適合するか否かという問題設定が適切でないことは明らかです。

次に、他国でこうだということは、別に我が憲法の解釈の参考になるものではありません。それぞれの諸国において憲法の条文がそれぞれ違うのですから、当然のことです。最高裁の裁判官たちは、全く憲法の条文が異なる他国で陪審、参審をやっているということが我が憲法の解釈の根拠になると本気で考えていたのでしょうか。

さらにここで考えておくべきことは、

① 世界の大勢がそういう状況であった中で、敢えて陪審制や参審制の規定を持たず、それどころか、こういう規定があっては陪審制、参審制の採用に明確に障害となるはずだという条文を持つ憲法を制定した、

② しかも、この憲法制定のその数年前までには我が国でも小規模で特殊なものながら陪審制を実施していた、

③ そしてこの憲法の最初の草案の策定に大きく関与したのは世界で最も活発に陪審制を行なっている国（アメリカ）の法律家であった、

という事情があったのも拘わらず、陪審等に全く触れない憲法を制定したということがどういう意味を持つのかということを考えるべきでしょう。

日本に陪審制がない理由

世界で最も盛んに陪審制を実行している国の法律家が最初の草案の作成に関与していながら、陪審制を敢えて排除しているとしか読めない条文を盛り込んだ草案を作った、というのは少し不思議な感じがするかもしれません。これについては、敗戦直後の一九四六年当時、日本にやってきて我が憲法の改正をリードしたアメリカ人法律家たちは、本国の法律思潮とは路線を異にしており、陪審制に批判的なグループであったからではないか、と言われています。

陪審制は、裁判のやり方としては大変粗雑なもので、そのせいでアメリカには誤判・冤罪が大変多いのです。序章で述べた通り、日本では昭和五〇年代に、死刑が確定していた事件四件がいずれも再審で無罪となり、大きな社会問題となって、誤判・冤罪防止に陪審制の導入を求める声が高まったりしたのですが、アメリカの誤判・冤罪の数はとてもそんな一桁の数ではなく、次の項目で述べる通り、死刑事件だけでも数百件のレベルです。そのため、アメリカにも陪審制に批判的な人は、多数派ではないものの、かなりいるわけです。

もっとも、一九四六年に我が国の憲法改正に関わったアメリカ人法律家たちが、本国から見れば少数派であったのかどうかということは、日本人にとってはどうでもよいことで、我が憲法の解釈には何の関係もありません。彼らが本国の視点から見て多数派であろうが少数派であろうが、とにかく司法への国民参加を想定していない憲法ができた、今の我々が運用しているのはその憲法である、ということが大事なのです。

陪審による誤判

我が国には陪審が誤判・冤罪を防ぐと無邪気に信じている人が結構いるのですが、それは大きな誤解です。今世界で最も大々的に陪審裁判をやっているのはアメリカですが、そこでの誤判・冤罪の様子を紹介しておきます。

あの国では、サッコ＝バンゼッティ事件（被告人二人の名前）、ローゼンバーグ夫妻事件（被告人の名前）、スコッツボロー事件（事件発生地の名前）等、世界中にその名が轟いている冤罪事件もあるし、無実であるのに有罪を宣告される者は全米で千をもって数えるという推計もあるとのことです。また、二〇世紀のアメリカにおいて、死刑犯罪で、それも犯罪類型を殺人と強姦に限り、かつ後になって無実が証明された事件だけで、有罪とされた者の中に三五〇件の無実事例があった、うち二三件は既に死刑執行済みであった、という調査結果もあります。さらに別のある調査によれば、一九七三年から二〇〇七年三月までの段階で一二三名の死刑囚が「無実が証明されるなどして」釈放されたとのことであり、また、二〇〇七年八月二七日のＮＨＫテレビ番組「クローズアップ現代」は、近時アメリカで一二四名の死刑囚が無実とわかって釈放された、と報じました(2)。

アメリカでは被告人は陪審審理を辞退して裁判官審理を選択することもできますから、これらの事例のうちのどれ位が陪審によるものであったのかということを判定する資料はありません。しかし、これらの事例のうちの少なくとも半分は陪審によるものだという推定は許容されるでしょうし、本項冒頭で固有名詞を挙げた三事件はいずれも陪審によるものです。

陪審制はそもそも本来の真実を発見しようという制度ではなく、地元民の意向（被告人を処罰したいのかしたくないのか）を裁判で決めて、それを事実であったことにしよう、そしてそう判断した理由もつけなくてよい、という制度なので、構造的に誤判・冤罪が出やすいのです[3]。

陪審審理は、双方当事者がまず死力を尽くしてそれぞれ自分に有利な陪審員を選任することから始まります。陪審員が決まった段階でもうその訴訟の勝負は決まったようなものだと言われているほどです。そして、その後の証拠調べ（証人尋問）はゲーム感覚でとにかく陪審員の興味を引いて自分に有利な印象を残すことに費やされ、自分にまずい証言が出そうな尋問は「異議あり！」と言って封じ、当事者の主張に過ぎない論告や弁論が証拠と同じ位の比重を持って受け止められ、評議では記憶に頼って証拠調べの内容を思い出し、そして評決にはそう判断した理由が要らず、印象だけで結論を決めることができる、という乱暴な制度ですから、検察官と弁護人の技術の勝負の世界になっています。いかにもシロっぽい被告人を有罪にした検察官は、いかにもクロっぽい被告人を無罪にした弁護人同様、有能、辣腕として評価されます。

陪審制を実見した日本人の法律家に、もし被告人として起訴されたら、裁判官審理を選ぶか陪審審理を選ぶかと聞くと、答えは皆一致しており、無実なら（間違いのまだしも少ない）裁判官審理を選び、本当は真犯人なら（間違えてくれる可能性が高い）陪審審理を選ぶということでした。

審議会では、国民の司法参加に関してこのような冷静な議論がなければならなかったのですが、実際には、前記の通り（第1章注（1））、陪審制反対のある委員が、統計を示してアメリカの陪審にはこんなに冤罪、誤判があると言ったところ、陪審派のある委員が逆上してかみつく有様でした。これが裁判員制度を打ち出した審議会の現実だったのです。

念のために言っておきますが、私は、職業裁判官には誤りはないと言っているのではありませんし、そんなことを言っている人はおりません。生身の人間である以上、無謬ということは不可能です。そこで、せめて、極力誤りが発生しにくいような制度、仮に誤りがあった場合には極力それが発見しやすいような制度、そして誤りが発見された場合には、極力それを救済しやすい制度にしておかなければなりません。この観点から見れば、陪審制は明らかにこれに不向きで、裁判官制の方がそれよりはまだしもましだと言えるのです。

陪審制が誤判・冤罪を防ぐ、とまじめに主張する人がいるのは、世界中でも恐らく日本だけだと思われますが、そういう人は、（日本の）現実と（陪審制の）理念を比較するというミスを犯しているのです。

（2）　これらの詳細については、拙著『裁判批判論』一三七頁以下参照。このほかにも陪審による誤判を紹介したものは多数ありますが、例えば、小此木新三郎『フレームアップ』（岩波新書、一九八三）。

（3）　構造論として拙著『裁判批判論』八六頁以下。

旧陪審制度との関連

本判決は、現行憲法以前のことや現行憲法制定時の事情についても、そこから裁判員制度合憲化のための材料を引き出しています。今度は、本判決の言う歴史的把握が正しいのかどうかという視点から、判決の論理を検討していくことにしましょう。

本判決は、まず、「我が国でも、大日本帝国憲法の下……陪審法が制定され……陪審裁判が実施された」、と言います。

ここまではその通りですが、そこでの陪審制の実体に全く触れないというのではミスリーディングないしアンフェアな記述との評価を免れないでしょう。本書冒頭でも触れた通り（序章「予備知識その三　我が国の陪審制」）、当時の陪審制は、陪審の評決が裁判官を拘束しない（裁判官は、その評決が気に入らなければ、陪審を集め直して審理をやり直させることができた）という極めて特殊なものだったのです。また、被告人は自由に陪審審理を辞退することもできましたし、一定の犯罪はそもそも最初から陪審審理の対象にはならないとされていました。さらに、有罪認定は陪審員の過半数で足り、法律問題についても控訴はできないという、世界にほとんど例を見ないような、そもそも陪審制とも呼べないような特殊な「陪審制」でした（この点については、本章「憲法制定過程での議論」でさらに触れます）。

だからこそ、既述の通り、司法制度改革審議会当時の最高裁は、国民が直接評決権を持つような制度は憲法違反の疑いがあると言っていたのですし、歴代の政府も、国会答弁において、最終的な判断権を裁判官にとどめ、裁判官に最終的な判断権の余地を残したような陪審制なら憲法違反ではない（即ち、陪審員だけが被告人の有罪無罪を決めるような制度は憲法違反である）、と言ってきたのでした。

裁判員制度の合憲性を判断するには、憲法の歴史的経緯にも注目しなければならないと言った本判決が、他方では、こういういわば自己に不都合な歴史的経緯を頭から無視するのはおかしいでしょう。

そして　本判決は、現行憲法制定の際、「司法権の内容を具体的に定めるに当たっては、国民の司法参加が許容されるか否かについても関心が払われていた」と言います。

これも、ここまではその通りです。私はこの経過について、結局最終的には陪審制も参審制も採用されるに至らなかった事情をかつて詳細に記述したことがありますが[4]、本判決の批判に必要な範囲で以下において改めてそれを解説することにしましょう。

当時、国民参加に「関心が払われていた」ということは、それが許容された、採用されたということとは全く別のことですから、「関心が払われていた」ということは別に裁判員制度合憲の根拠にはなるわけではありません。ここもその論理の粗雑さに驚くべきところで、「国民の司法参加が許容されるか否かについても関心が払われていた」ということが司法参加合憲論の根拠になると最高裁の裁判官たちは本当に考えていたのかどうか疑わしいと思います。

しかし、彼らが本当にそう考えていたのだとすれば、我々が最高裁判所の裁判官としていただいているのはこのような人達であるということを国民は頭にとどめておくべきでしょう。

（4）　拙著『批判』四九頁以下。

「裁判所における裁判」

本判決は、「（現行憲法では、旧憲法の）『裁判官による裁判』から『裁判所における裁判』へと表現が改められた」と言います。

旧憲法（大日本帝国憲法）には、その二四条に、「日本臣民ハ法律ニ定メタル裁判官ノ裁判ヲ受クルノ権ヲ奪ハル、コトナシ」という規定がありました。現行憲法三二条は、「何人も、裁判所において裁判を受ける権利を奪はれない」と定めています。これだけ見ると、陪審制や参審制を行うのに不都合が生じないように規定を改めたように見えなくもありません。

しかし、陪審制にせよ参審制にせよ、裁判自体は必ず裁判所で行われるのですから、裁判は裁判所で行われる、というだけのことをわざわざ憲法で規定したというのは理解し難いことです。この部分は実は専門家の研究によって、現行憲法三二条は、「何人も、裁判所に出訴する権利を奪われることはない」というマッカーサー草案に端を発して、国民の裁判所に訴え出る権利を保障したもので、旧憲法二四条とも国民の司法参加とも関係のないものであることが論証されています。[5] この条文はこのように読んで初めて意味を持つものと言えましょう。

（5）　憲法的刑事手続研究会編『憲法的刑事手続』二三四頁以下［出口崇］、（日本評論社、一九九七）。

憲法制定過程での議論

本判決は、「憲法制定過程についての関係資料によれば……当時の政府部内では、陪審制や参審制を採用することも可能であると解されていた」と言います。

現行憲法制定作業の過程において、そう唱えていた人がいたのは事実ですが、当時の政府が本当にそう思っていたのかどうか、当時の議論の状況を、資料[6]によって、少し詳しく見てみましょう（読みやすいように、文章は、趣旨を損ねない範囲で書き直しました。オリジナルをご覧になりたい人は、原資料、又はこれをそのまま引用した拙著『批判』四九頁以下をご覧下さい）。

①　一九四六年五月、憲法改正草案（占領軍が起草した草案に政府が改正を加えて発表したもの）を諮詢され

た枢密院の審査委員会において、

問　新憲法案三二条の「裁判所」とあるのは、現行憲法［帝国憲法のこと］の「裁判官」とあるを変更したものであるが、陪審制を認めることについては大きな差異がある。本条文の趣旨はどういうことか。

答　裁判所とは裁判官を中心とするという意味であって、その趣旨については別段変改はない。陪審制については目下研究中である。

という問答がありました。

質問者が帝国憲法での「裁判官」という言葉と改正草案での「裁判所」という言葉を対比していることは注目されますが、改正草案でのこの条文での元の立法趣旨には関心は及んでいないようです。他方、政府の答弁は、それには触れず、陪審制についてはまだ研究中であるというのですから、当時の政府が陪審制合憲論を前提に行動していたものではなかったことが窺えます。

②　その頃、憲法改正草案に関して法制局が作成した想定問答の中には、新憲法三二条に関して、

問　裁判官以外の者を加えて裁判所を構成することができるか。

答　最高裁判所を構成する者は裁判官に限られるが、それ以外の裁判所は裁判官以外の者で構成しても差支えないだろう。

という記載がありました。

これは新憲法八〇条だけを見ると、その中に下級裁判所は裁判官だけで構成するとは書いてない、という意味ですが、憲法全体を見ると、陪審制も参審制も無理だということは本書全体の記述から明らかだと思います。

なお、私は、裁判官は憲法八〇条により、最高裁の指名に基づいて、内閣から一〇年任期で任命されたものでなければならないと言っているのであって、司法試験に合格した者でなければならないとか、いわゆる職業裁判官でなければならないと言っているのでありません。[7]憲法八〇条の要件を満たす限り、国民の間から何らかの方法で選考された素人裁判官、パートタイム裁判官というのもあり得ることです。

③　同じ想定問答の中には、新憲法七六条に関して

問　新憲法の下においても陪審制度は認められるか。

答　現在【昭和二一年当時】の陪審法は、現行憲法［帝国憲法のこと］下においても次の理由によって憲法違反ではないとされている。

（1）　被告人は任意に陪審を辞退することができるから、裁判官による裁判を受ける権利を奪われることはない。

（2）　陪審員は事実の認定に関与するのみで量刑もしないし、判決に関与しないだけでなく、裁判官は陪審員の答申に拘束されないから、司法権は裁判所によって行われると言うことができる。

新憲法においては、（2）の点については大体変更がないが、（1）の点については「裁判官」が「裁判所」と改められ、最高裁判所以外の裁判所では裁判官以外の者を加えてこれを構成することもでき

ると解されるから、現行憲法［帝国憲法のこと］におけるよりも以上に陪審制を認める余地があると言い得る。寧ろ強制陪審も許されることになるであろう。

という記載もありました。なお、ここにある「強制陪審」とは、被告人に辞退を許さない陪審という意味であって、陪審の答申が裁判官を拘束する陪審制という意味ではありません。

ここでも新憲法三二条の立法趣旨は曖昧に捉えられていますが、ここで想定されている陪審制、つまり新憲法の下でも合憲とされる陪審制とは、その評決が裁判官を拘束しないものであると明確に認識されていたということには注意を要します。

（6）　内藤頼博『（司法研究報告書）終戦後の司法制度改革の経過――一事務当局者の立場から』全五巻（司法研修所、一九五九～一九七二）。

（7）　拙著『批判』二四七頁。

その頃に理解されていた陪審制と参審制

こうしてみますと、新憲法制定当時、陪審制の採用に関する議論があったこと、政府関係中に陪審制は憲法に反しない、という見解を有していた者もいたことは確かですが、それは、陪審が終局的に被告人の運命を決めることができるような、典型的な陪審制の意味ではなかったことは明らかです。また、被告人が陪審審理を「辞退」することも当然可能と理解されていました。

ここに引用したものの他にも、当時のやり取りの中には「現在ノ制度」のように当時の旧陪審法を前提にしたとしか解されない表現もありましたし、当時の政府文書の中には「裁判官は陪審員の答申に拘束せられない……新憲法においてはこの点については大体変更がない」（傍点引用者）としたもの、あるいは「陪審員は単に意見を述べるだけで、裁判所は独自の見解で裁判する」としたものもあったのでした。

同じく「陪審制」と呼んでも、現行憲法下で、憲法上の裁判官でない者（陪審員）が被告人の運命を決めることができるという制度の合憲性と、憲法上の裁判官でない者（陪審員）の判断は裁判官を拘束しない、被告人の運命の最終的な決定権は裁判官に留保されている、という制度の合憲性の間には天地の差があります。後者が合憲であるとしても前者が合憲であるということにはならないのは当然でしょう。

また、当時の国民参加論者の関心はもっぱら陪審制にあったのでして、陪審制についてはその導入の可否、当否をめぐって多少の議論がなされました。しかし、参審制の方はこれと全く異なり、当時の参審制に関する議論はこの時の司法法制審議会でほんの少し出ただけに過ぎませんでした。しかも、この参審制に関する議論は、有力な違憲論、つまり、新憲法は参審制を想定も許容もしていないのではないか、という議論が出たことによって審議会での研究課題のまま終わったのです。このように、当時の参審論は違憲論を克服できずに消滅したのですが、それにも拘わらず、当時の政府部内では参審制を採用することも可能であると解されていた、と断定するのは、あまりに乱暴でしょう。

また、敗戦当時のこの時、日本側が参照し得た参審制はドイツとフランスの制度であったと思われます。しかし、ドイツの参審制もこの頃のフランスの当時の参審制も、参審員は地元の名士や代表者から選考するという制度で、いずれも有権者から無作為で選ぶという制度ではありませんでした。これらの参審制を根拠にして裁判員をくじで選ぶ裁判員制度の合憲性を根拠づけようとするのは筋違いというべきです。

帝国議会、国会での議論——のらりくらりの司法大臣

本判決は、憲法制定議会において、米国型の陪審制導入について問われた憲法改正担当の金森徳次郎国務大臣から、「陪審問題の点については、憲法に特別の規定はないが、民主政治の趣旨に則り、必要な規定は法律で定められ、現在の制度を完備することは憲法の毫も嫌っているところではない」旨の見解が示され、この点について特に異論が示されることなく、憲法が可決成立するに至った、と言います。本当にそうであったのかどうか、調べてみましょう。

資料（衆議院議事録）によれば、憲法改正案を審議した一九四六年六月二八日の衆議院本会議において、ある議員が、アメリカの陪審制を紹介した上で、陪審制を条文化して憲法に挿入する用意があるかと質問したのに対して、憲法改正担当の金森国務大臣は、

憲法（草案）には陪審に対する特別の規定はありませんが、民主政治の趣旨に則り、必要な規定は法律をもって定められ、現在の制度を完備することは憲法の毫も嫌っているところではありません。詳細は司法大臣から答弁があるはずです。

と答え、これを受けた木村司法大臣は、

（昭和一八年の陪審制の停止に至るまで陪審の利用が極めて低調であったことを述べた後）陪審制が日本の国民性に果たして適当であるかどうかを再検討しなければならないと思います。また、仮に陪審が復活されたとして、その実施には膨大な庁舎を必要とするのですが、今は各地の裁判所は戦災に遭って、実に困っている状態です。そこで、現在の陪審の運用に関して十分に検討する必要があろうと思います。従いまして、今のところ、将来のことを十分に検討致しまして、陪審制を復活すべきであるかどうかということについて検討するつもりです。

と述べたのでした。

これから見ると、金森国務大臣は陪審制に好意的[8]ですが、「現在の制度」という言い方をしているところから見ると、これは当時の、陪審の評決が裁判官を拘束せず、被告人は自由に陪審審理を辞退できるという陪審制を前提にしていたものと思われます。当時の政府が、陪審とは、被告人は自由にこれを辞退でき、そしてその評決が裁判官を拘束しないという特殊なものを前提に考えていたようだということを示す資料があることは前にも触れました。当時の陪審制は、一定類型の犯罪は最初から陪審審理の対象にはならず、また有罪認定は陪審員の評決は多数決で足りるという、およそ陪審制らしくないものでした。また、陪審員になれるのは一定額以上の税金を納めている男子に限るという時代的な制約も色濃いものでした。そして、陪審評決を取り入れた判決に対しては控訴ができないという制約もありました。そこで、陪審の答申が裁判官を拘束しないという元のシステムを生かしたままでも、いくらでも「制度を完備」する余地があったのです。

そして、木村司法大臣の答弁に至って、当時の政府の司法部門が陪審制採用に極めて消極的であったことが明らかです。彼は、当時の小規模で特殊な陪審制でさえ、その「復活」について、日本の国民性に合っているかどうか再検討しなければならないし、そもそも、今はとてもそういう状態ではないのだ、と言っているのです。木村司法大臣は、同年七月五日の衆議院の委員会においても、陪審制に関する条文を憲法に入れておくべきだと思うがどうか、というある委員の質問に対しても同様の答弁を繰り返しています。結局、木村大臣はのらりくらりとかわし続け、憲法に陪審制を条文化すべきだという議員からの要望をついに無にしただけでなく、当時の特殊な陪審制の「復活」さえ将来の課題であると言って、逃げ切ったのでした。

これを陪審制の合憲性について「特に異論が示されることなく」と表現するのは何とも乱暴でしょう。

（8）　しかし、金森徳次郎氏はその『憲法遺言』（学陽書房、一九五九）の「司法」の章において、司法権の独立のためには裁判官の独立性を保全することが重要であり、「あらゆる重要問題」を最後に解決するのは「裁判官の良心と聡明」であることを強調し、他方、陪審・参審には全く言及していません。これからすると、同氏は、国民が最終的な判断権を有するような国民参加制度を許容する立場であったのかどうか相当疑わしいと思います。

一貫していた政府答弁

その後も、陪審制については国会で議論の対象となったことがあります。一九七七年三月一二日の衆議院予算委員会第一分科会において、ある議員が法律を改正して陪審裁判を行う意思があるかと質問したのに対し、当時の政府担当者（法務省官房司法法制調査部長）は、

「何人も、裁判所において裁判を受ける権利を奪われない。」という憲法の規定がありまして、しかも憲法は『司法』という章のところに、裁判所の構成員である裁判官の身分保障であるとか裁判官の独立、司法権の独立を手厚く規定しておりますので……何人も裁判所による裁判を受ける権利というのは、裁判官が構成する裁判所で受けるんだということになりますと、陪審制を今採用していいかどうかというのは、一つの憲法上の問題が出てまいります。

そこで……憲法の規定からすると、最終的な判断権を裁判官に留保するといいますか、最終的な判断権の余地を残した、そういう留保づきの陪審制ならば採用することは憲法違反ではないと考えられるのでございます。

と答弁しました。

つまり政府は、裁判官の判断を拘束するような陪審制は憲法に違反すると考えていたのです。憲法の歴史的な経緯も考慮の対象としなければならないというのであれば、こういう事実も無視してはならないでしょう。

裁判所法の問題——占領軍の強制

裁判所法とは、裁判所や裁判官のあり方を決めているもので、司法の世界においては最も基本的で重要な法律ですが、本判決は、憲法と同時に施行された裁判所法三条三項（「この法律は、刑事について、別に法律で陪審の制度を設けることを妨げない。」）が、陪審制の採用を妨げないとしているのは以上に述べてきた経緯に符合するものである、と言います。

しかし、この裁判所法三条三項の規定は、憲法制定過程の陪審論と符合した結果としてできたものではありません。現行憲法が制定、公布（一九四六年一一月三日）された後、その施行予定（一九四七年五月三日）に間に合うように、憲法が定める司法のシステムに合わせて裁判所法が準備されたのですが、その三条三項ができたのは、当時の占領軍の突然で（つまり憲法制定過程での議論とは関係のない）強引な命令によるものでした。

当時の資料によれば、裁判所法の法案を作成する特別法案改正委員会の一九四七年三月一〇日の会議において、占領軍総司令部が突然、「刑事事件における陪審制度に関する将来の途を開いておくために」そういう条文を一条入れてもらいたい、と言ってきたのです。当時の日本側はこれに反対したのですが、その反対理由の一は、新憲法中に陪審に関する規定がないところからみると、陪審制度は憲法上認められていないのではないかという疑いがある、ということでした。この当時から、新憲法の下での陪審制の違憲性は政府当局者に認識されていたのです。しかし、最終的には、占領軍は、これは占領軍の命令だ、と言って押し切ったのでした。占領軍の言うことならどんな無理でも通った時代です。

このときの占領軍の言い分は、「将来の可能性のために、その途を開いておくだけのことであって、裁判所法は基本法であるから、その中に一条を入れてもらいたい」というものでした。裁判所法三条三項が、陪審制の将来の可能性を開いておくために必要であったというのであれば、陪審制とは出自も性格も異なる参審制については、その合憲性も将来の可能性も、この段階で閉じられたと見るべきでしょう。(9)

憲法制定時の歴史的経緯をも考え合わせるべきであるというのであれば、こういう事実も無視してはならないはずです。

(9)　拙著『批判』六三頁以下。

不公正な比較

国民参加擁護論者の中には、旧憲法時代でさえ陪審制がやれたのだから、民主的な新憲法の下で陪審制がやれないはずがない、と言う人がいますが、この意見は二重の意味で誤りです。

その一は、この意見は、現行憲法は旧憲法とは制度も条文も全く異にしているのですから、旧憲法でやれたことが現行憲法でやれなくなっても、別におかしいことはない、という法解釈上の原則を見落としていることです。

その二は、旧憲法時代にやれたのは、陪審の答申が裁判官を拘束しないという特殊な陪審であったということ、そして今の論者が唱えている陪審制は、陪審の答申がそのまま裁判官を拘束して被告人の運命が決まるという世界的には普通の陪審制であるということをこの意見は隠し、不公正な比較をしていることです。

旧憲法時代にも、陪審の答申が裁判官を拘束するというような陪審制はできなかったのですし、また、現行法でも、陪審の答申が裁判官を拘束しないというような陪審制なら、憲法七六条（裁判官の独立）関係での憲法違反の問題は起きないでしょう。

参審制

以上に述べてきたことはすべて陪審制に関するものであって、参審制に当てはまることではありません。そこで、本判決がこれまで陪審制について長々と述べてきたことは、裁判員制度のような参審制には無関係です。

そこで今度は参審制に関する判断ですが、本判決は、参審制につき、「憲法制定過程を見ても、ヨーロッパの国々で行われていた参審制を排除する趣旨は認められない」と言います。

しかし、これが何とも乱暴な断定であることは先に述べました（本章一八四頁「その頃に理解されていた陪審制と参審制」）。

「排除」も何も、憲法制定過程では参審制についてはほとんど議論されていないのです。「排除する」という議論をしていないのは参審制に関心が持たれていなかったからで、議論がなかった以上、「排除する」という議論もそこになかったのは当然のことです。もし最高裁が、憲法制定過程で参審制に関する議論が存在しなかったのだから参審制を排除するという話もなかったことになる、と本当に考えてこう書いたのだとすれば、これは論理的に誤りではないものの、ひどい詭弁です。

小括

結局、本判決が、司法への国民参加が憲法に違反しないという理由は、憲法にそれを禁止する規定がない、憲法制定時に国民参加ができるという人がいた、他国でもやっている、という程度のものになります。あまりの粗雑さに開いた口がふさがらないとはこのことでしょう。とても憲法の解釈論ではありません。

憲法三八条三項、七六条三項のように、国民参加合憲論にとって乗り越え難い障害になる条文については、それを乗り越えようとした解釈の努力の跡さえ見られず、最初から無視することに決めたとしか思われない有り様でした。

個別の条文の文理に踏み込むと、裁判員制度を合憲とすることが論理的に不可能であることがすぐに明らかになるため、抽象的な「理論」だけで済ませようとしたのだろうと想像されます。

第10章　疑問②　裁判員法は憲法に適合しているのか

本判決は以上のように、司法への国民参加自体は憲法の禁じるところではなく、後は立法政策の問題であるとして、次は裁判員制度の具体的な内容の合憲性を見るとする判断に進みます。

制度の骨格に関する判決の論理

裁判員審理でも憲法上の要請に適合した「裁判所」になるとする本判決の中心的な部分は、以下のようなものです。

（裁判員法上、不都合なものは不選任とする制度があること、適格でない者を排除する制度があること、法令の解釈や訴訟手続に関する判断は裁判官に委ねられていること、裁判員には公平誠実に職務を行う義務があることなどを述べた後）「裁判官と裁判員の評議は、裁判官と裁判員が対等の権限を有することを前提にその合議によるものとされ、その際、裁判長は……評議を裁判員にわかりやすいものとなるように整理し、裁判員が発言する機会を十分に設けるなど、裁判員がその職責を十分に果たすことができるよう配慮しなければならないものとされている。」（中略）

「以上によれば……裁判員の権限は、裁判官と共に公判廷で審理に臨み、評議において事実認定、法令の適用及び有罪の場合の刑の量定について意見を述べ、評決を行うことにある。……裁判長は、裁判員がその職責を十分に果たすことができるように配慮しなければならないとされていることも考慮すると、上記のような権限を付与された裁判員が……裁判官との協議を通じて良識ある結論に達することは、十分期待することができる」から、「憲法が定める刑事裁判の諸原則を確保する上での支障はなく、憲法違反にはならない」。

目的と手段

この見解の最初の問題点は、ある目的を達成するためにこうせよという規定がある場合、その規定外の方法でもその目的は達成できるから、こうせよという部分には従わなくてよい、という乱暴な思想に支えられていることです。別のやり方でもこの目的は達成できる、同じような結果が「十分期待できる」から、元の規定には従わなくても構わない、というのでは、それはもはや法解釈の範囲を踏み越えたものです。

例えば、医師免許を有している者でなければ医師の仕事はできませんが、それはもちろん、医師という業務の高度の専門性を考えてのことです。しかし、この判決の発想によると、医師免許はなくても十分な医療知識を持っている者なら医療業務をやってもよいということになるでしょう。それでも同じような結果が「十分期待できる」からです。

建前論に終始

また、制度上、不都合な裁判員は選任しないことになっていること、法令の解釈や訴訟手続に関する判断は裁判官に委ねられていること、裁判員には公平誠実に職務を行う義務があること、裁判長は、評議を裁判員にわかりやすいものとなるように整理し、裁判員が発言する機会を十分に設けるなど、裁判員がその職責を十分に果たすことができるよう配慮しなければならないものとされていることなどは、裁判が公平、充実したものであることの最低限の必要条件ではありますが、とても十分条件とは言えません。

不都合な裁判員を選任してはならないこと、裁判員は公平誠実に職務を行わなければならないことなどは、あまりにも当たり前のことで、制度上こういうことになっているから問題はないのだ、というのは無理です。制度上、こうでなければならないと決めることと、現実がそうであるかどうかということとは全く別の問題であることは言うまでもありません。法律で「我が国では犯罪はあってはならない」と決めればそれで実際に犯罪がなくなる、というものではないのです。

現実、つまり実際はどうであるのかという問題と、事情は本来どうであるべきかという理念の問題を故意に混同すれば、簡単に詭弁を使うことができます。例えば、翌日に大きな試合を控えたスポーツ選手に、スポーツ新聞の記者が「明日は勝てそうですか」と聞き、選手が「いや、勝てそうかどうかの問題ではありません。勝たなくてはならんのです」と答えたとします。実際にもこういう問答はよくあるようですし、一見応答の形になってはいますが、これはもちろん答をごまかしているわけです。記者が聞いたのは、明日は勝てると今思っているのか、勝てそうだという認識を今の頭の中で持っているのか、ということです。つまり、頭の中の現実を聞いているわけです。それに対して、選手は、勝たなければならないのだ、という、あるべき形（又は願望）を述べたわけで、問いと答がかみ合っていません。

政治上何か極めて困難な問題が発生して、それを収束するための工程表を作った場合、記者から、この工程表は実現できそうですか、と聞かれた政治家が、実現できそうかどうかの問題ではない、実現しなければならないのだ、と答えるのも同じ言い逃れです。

制度上、きちんと対応することになっているのだ、というのはただの建前論で、現実に基づく違憲論を克服できるようなものではありません。

民主的な「手術員」「教育員」「警察員」制度

また、先に挙げた医療の場合、例えば、この世界にも一般の国民の意見や感覚を反映するため、法律で「手術員」という制度を設けて、重大手術の場合には、くじで選ばれた素人が医師と一緒に手術ができる、と決めたと仮定しましょう(1)。

その法律で、不都合な手術員は選任しない、難しい部分は医師に委ねる、手術員は公平誠実に職務を行う義務がある、執刀医は、手術前の打ち合わせを手術員にわかりやすいものとなるように整理し、手術員が執刀する機会を十分に設けるなど、手術員がその職責を十分に果たすことができるように配慮しなければならない、と決めたとします。そうすると、重要なシステムを法律でちゃんと決めてあるのだから、手術員制度に問題はない、ということになるでしょう。

同様に、専門的な領域に一般の国民の意見や感覚を反映させ、当該領域に対する国民の理解の増進とその信頼の向上に資するため、とすれば、馬鹿馬鹿しい例をいくらでも想定することができます。学校教育の分野で有権者から抽選で「教育員」を選んで教師と一緒に授業をさせるとか、警察の分野で有権者から抽選で「警察員」を選んで警察官と一緒に犯罪捜査をさせるとか[2]、検察の分野で有権者から抽選で「検察員」を選んで、検察官と一緒に公判活動をさせるとか……。

本判決の論理だと、こういう無茶な論法を防ぐことができないだけでなく、なぜ裁判の分野だけこういうシステムにしなければならないのかということが説明できないのです。

(1)　池内ひろ美・大久保太郎『裁判長！　話が違うじゃないですか』（小学館新書、二〇〇九）一四頁が裁判員制度を風刺して挙げた例。

(2)　内田樹『邪悪なものの鎮め方』（文春文庫、二〇一四）九九頁が裁判員制度を批判して挙げた例。

企画自体が無理

裁判員制度がそもそも「公平な裁判所」であることが難しいというのは、その構造自体に由来しているのです。裁判員が法廷に飽きたり疲れたりして逃げ出す前に、審理、評議、判決を終えなければならないという都合上、粗雑な審理、粗雑な評議、粗雑な判決を一番最初から前提にしておかなければならないという点にあるのです。審理も評議も、何日後に終えるかということを予め決めておいて始めるというとは他国に例を見ない無茶な裁判方式で、これを「公平な裁判所」と呼ぶというのは乱暴と言うしかありません。アメリカの陪審制は、審理も評決も非常に粗雑なもので、システム上どうしてもそうなってしまうのですが[3]、それでも、審理をいつ終える、評議をいつ終える、ということを予め決めておく、それ以上は審理も評議もしない、という乱暴なことはさすがにやっていません。

（3）拙著『裁判批判論』第3章。

「陪審制よ、さようなら」という判決

特に注目を要するのは、本判決のこの部分は、陪審制に完全に引導を渡したことになるということです。裁判員審理が憲法違反にならないのは、評議が、要旨、

「裁判官と裁判員が対等の権限を有することを前提にその合議によるものとされ、裁判長は……評議を裁判員にわかりやすいものとなるように整理し、裁判員が発言する機会を十分に設けるなど、裁判員がその職責を十分に果たすことができるよう配慮しなければならないものとされているからであり、裁判員の権限は、裁判官と共に公判廷で審理に臨み、評議において事実認定、法令の適用及び有罪の場合の刑の量定について意見を述べ、評決を行うことにあって、裁判長は、裁判員がその職責を十分に果たすことができるように配慮しなければならないとされているから」

という理由です。

つまり、本判決によれば、裁判員制度が憲法違反でないのは以上のようなシステムであるためなのですから、この判決を前提とする限り、こういう制度ではなく、裁判官のいないところで、裁判官でない者だけが、被告人の有罪・無罪を決めるという制度、即ち陪審制は、歴然と憲法違反であるということになります。これは前記の通り、司法制度改革審議会段階でも、そこでの有力な法律専門委員から主張されていたことでした。

それでも裁判員制度は死守

それにもかかわらず本判決が、裁判員制度合憲の理由として憲法は陪審制を排除していないと言い、さらに判決のあちこちで最後まで陪審制を引用しているというのは理由齟齬《りゆうそご》（理由がくいちがっていること。要するに論理矛盾のこと）の非難を免れません。一五人の最高裁の裁判官のうち誰一人としてこのことに気がつかなかったのでしょうか。

こんな判決が出た理由として考えられるのは、とにかく裁判員制度を合憲と言わねばならないという必要性から、論理矛盾に十分な配慮が届かなかったということで、もう一つの可能性は、何としても制度を合憲化しなければならないという至上命題の前では論理矛盾などは問題ではなかった、ということです。いずれにしても恥ずかしいことで、とても一国の最高の司法府の取るべき道ではありません。

ともあれ、この判決で、現行憲法下では陪審制はやれないことが結果的に明らかになりました。本判決は、陪審制を犠牲にしてでも裁判員制度を守ろうとした判決、と評価できるでしょう。

裁判官の独立？

裁判員制度下では、判決を担当する裁判官は、裁判員の（無罪）意見の数次第では已れの（有罪）意見とは異なった判決を書かざるを得なくなることがあります。例えば、裁判官が三名とも有罪意見であった場合でも、裁判員の五名以上が無罪意見で固まると裁判所の最終的な結論は無罪になるからです。

この場合には、裁判官側は、自分の意見とは異なる判決を書き、自分の意見とは異なる判決を言い渡すことになります。この事態が、裁判官の独立を定め、裁判官は「憲法及び法律にのみ」拘束されるとした憲法七六条三項に違反することは明らかでしょう。この場合の裁判官は、憲法でも法律でもない、くじ引きで選ばれた裁判員の意見に従うことを求められているからです。

判決の循環論法

この点につき本判決は、「憲法が一般的に国民の司法参加を許容しており、裁判員法が憲法に適合するようにこれを法制化したものである以上、……裁判官が時に自らの意見と異なる結論に従わざるを得ない場合があるとしても、それは憲法に適合する法律に拘束される結果である」といいます。

しかし、憲法にはこういう規定があるのだからこの点から見て裁判員制度は憲法違反ではないか、という主張に対して、憲法は国民の司法参加を許容しており、裁判員制度はこれを法制化したものだから構わないのだ、ということがそもそも反論になっているでしょうか。これは、こういう点から制度は憲法違反ではないかという問題提起に対して、制度は憲法違反ではない（憲法は許容している）から憲法違反ではないのだと言っているわけで、これではただの循環論法です。

この点につき、本判決はさらに、「裁判員制度の下において、法令の解釈に係る判断や訴訟手続に関する判断を裁判官の権限にするなど……法に基づく公正中立な裁判の実現が図られており、こうした点からも、裁判員制度は、同項の趣旨に反するものではない」とも言います。

しかし、ここで制度違憲論者が提起している問題は、右の通り、被告人の有罪・無罪という事実認定に関わるものであって、「法令の解釈や訴訟手続に関する判断」ではありませんし、制度違憲論者もそんなことを言っているのではありません。裁判員制度は憲法七六条三項に違反するではないかという主張に対して、最高裁が何故こういうことがその反論になると考えたのか、私には理解ができません。

第11章　疑問③　国民負担はどうなるのか

「意に反する苦役」について

この点は先程述べた通り、被告人の上告理由に含まれていない点ですから、最高裁としては判断を示してはならない論点でした。従って、この点に関する判断は、専門用語でいう「傍論」（余計な判断）で、判例にはならないのですが、判決の論理が無理であることを確認しておきたいと思います。

そこでの大きな問題は、くじ引きで選ばれただけの国民に、裁判員としての義務を負わせ、何日も拘束して公判に出席させ、長時間証拠調べに同席させ、そして被告人の運命を決めさせるということは、どうしてもやりたくないという者にとっては憲法が禁じる「意に反する苦役」を負わせることになるのではないか、ということです。

この点について本判決は、裁判員を務めることによる国民の負担につき、「裁判員の職務等は、司法権の行使に対する国民の参加という点で参政権と同様の権限を国民に付与するものであり、これを『苦役』ということは必ずしも適切ではない」と言いました。ここは裁判員制度を守ろうとする判決の屁理屈が極まったところです。

まず、「必ずしも適切ではない」などと曖昧な言い方をしているのは、もちろん、これは「苦役」ではない、苦しくない、と断言するのはさすがにはばかられたからでしょう。こういうところにも筆先一本でごまかそうという今の最高裁の発想がよく出ていますが、「権限を付与するもの」というのは義務を権利と呼び代える危険な論法です。この発想からすれば、国民の公的義務はすべて「権限」にすることができます。憲法上の国民の三大義務というのは、教育（二六条二項前段「すべて国民は、法律の定めるところにより、その保護する子女に普通教育を受けさせる義務を負う」）、勤労（二七条一項「すべて国民は、勤労の権利を有し、義務を負う」）、納税（三〇条「国民は、法律の定めるところにより、納税の義務を負う」）の三つですが、このうち、勤労の義務については、上記に見た通り、最初から権利と一体のものとされています。他方、教育及び納税は明らかに国民の義務として規定されています。

しかし、この判決の論法によれば、納税は「国政を財政的に支える権限」を国民に付与するものであり、子女の教育は「文化的な国家を支える機会」を国民に付与するものである、と言えますから、これらを義務ということは「必ずしも適切ではない」ということになるでしょう。

また、この論法で行けば、仮に徴兵制ができれば、それは、「命がけで国家を守る崇高な権限」を国民に付与するもので、それを「『苦役』ということは必ずしも適切ではない」ということになるでしょう。現に、一九四五年夏の敗戦まで、出征はめでたいこととされ、召集令状が来ると、近所の人が、ご出征だそうでおめでとうございます、と祝賀に来たそうですが、この判決はまさしくそういう発想に立っているのです。

裁判員法上、裁判員となって人を裁くことは国民の明確な義務として規定されており（裁判員法上、裁判員の「義務」という表現や、「裁判員は……しなければならない」という表現が頻出します）、これを「権限を国民に付与するもの」、「……ということは必ずしも適切ではない」などと言ってその合憲性を肯定するというのはもうほとんど（又は、完全な）詭弁の世界でしょう。

なお、一旦任命された裁判員が何かの事情で解任されることもありますが、その際に当の裁判員がその解任の判断に不服を申し立てることはできません。裁判員の解任は義務の免除であって、本人に何も不利益を及ぼすものではないからだ、というのがその立法理由です[1]。本判決のこの部分はこの立法理由にも反しています。

（1）辻裕教「『裁判員の関与する刑事裁判に関する法律』の解説（2）」『法曹時報』五九巻一一号（二〇〇七）一四三頁。

参政権との比較は無理

また、参政権の行使（投票）はせいぜい数分で済むことであり、また、これは純然たる権利ですから、これを行使しなくても（つまり投票に行かなくても）、また、誰に投票したかを喋っても、何の制裁もありません。権利とは本来そういうものです。

しかし、裁判員としての義務は、何日も、時には十数日ないしそれ以上も拘束され、朝から夕方まで公判に付き合わされ、それまでの自分の世界とは縁のない議論をさせられ、という（やりたくないという者にとっては）まさに苦役であり、しかも、裁判所に行かないとか、秘密を漏らしたということに対しては、裁判所が現実に発動するかどうかはともかく、法律上は厳重な制裁規定があります。この両者を同一平面に並べて、投票が問題ないのだから裁判員も構わないのだという論理が通用すると最高裁の裁判官たちは本当に思っているのでしょうか。

それとも、裁判員制度と投票との対比はそもそも無理であることは当然承知しているけれども、制度合憲判決で憲法一八条に触れることにした以上、一応理由付けはしなければならないので、ここは無理を承知でこの論法で押し通すことにしたのでしょうか。

どちらにしても呆れるべき事態で、これが我が国の「最高」裁判所です。

公判三九回、証人六三人

二〇一二年一月からさいたま地裁で審理があった連続不審死等の事件では、報道によれば、裁判員選任から任務終了まで一〇〇日、公判は週四回ペースで合計三八回、予定証人は六三人だというものでした。プロの裁判官でも寿命が縮まりそうなこの大事件で、三〇回以上も法廷に縛り付けられ、ずっと証人尋問を聞かされる、というのは、裁判員などはやりたくないという者にとっては、これが「苦役」でなくて何でしょうか。

また、この事件では補充裁判員が六名選任されたと報道されています。補充裁判員が六名も選任されたのは裁判員制度施行後初めてのことですが、これは裁判所が、これほどの長丁場だと、正裁判員のうちの何人もが途中で倒れるか逃げ出すかして、数が足りなくなるかもしれないと思ったためです。

それでその補充裁判員ですが、これは正裁判員が欠けた場合のための補欠で、その地位は何ともばかばかしいものであることは前（本書二六頁「補充裁判員」）に述べました。これで「司法権の行使に対する国民の参加という点で参政権と同様の権限を国民に付与」したというのはとても無理でしょう。誰か有権者が棄権して投票しなかった場合に、代わりに投票できる「権利」というものを仮に想定したとして、それを「参政権」「投票権」とは言いません。

本判決は、一五人の全員一致になっていますが、こんなところまで全員が一致していたとはとても思えず、仮に、本心からそう思っている裁判官がいたとしたら、それは最高裁判所裁判官としての見識を疑うに足りる事態というべきでしょう。

「良い経験をした」？

なお、報道によれば、これまで裁判員をさせられた人で判決後の会見に応じた人は、良い経験をした、というのが常のようです。そしてこれだけ聞くと、経験者がそう思っているのなら、それはそれで良いのかもしれないと思う人がいるかもしれません。

しかし、会見に応じていない人の方が多いわけですから、これが裁判員経験者の一般的な意見だと思ってはなりません。ひどい目にあった、つくづく懲りた、早く逃げておくべきだった、と思っている人の方が多かったという可能性も十分にあります。

また、良い経験をした、と言った人にとっては、それまで全く知らなかった世界を覗き、全く経験のないことをしたのですから、良い経験だったと思ったのは真意だったのかもしれません。しかし、横に裁判所の職員が目を光らせていて、事前にはうかつなことを言うと守秘義務違反になると脅されているわけですから、報道記者を前に言えることはせいぜい「良い経験をした」ということぐらいしかないのです。他に何が言えるでしょうか。

そして、そもそも刑事裁判は国民に良い経験をさせるためにあるのではありません。極めて重大、凄惨な犯罪があって、被告人が死刑判決を受けた後、裁判員が良い経験をした、と語った場合、当の被告人や当該犯罪の被害者（遺族）はどう思うでしょうか。少なくとも、裁判員に良い経験をさせてやれて結構だったと思う人は皆無でしょう。

一体どんな判決に

なお、これは憲法の問題とは別のことになりますが、三か月のうちに三八回もの公判を開き、六三人もの証人を尋問して、本当に間違いのない裁判ができるでしょうか。三か月のうちに目の前に六三人もの証人が登場して、入れ替わり立ち替わり証言していったら、裁判員どころか、裁判官でも、その証言内容も証人の顔もとても覚えてはいられないでしょう。一〇人か二〇人くらい調べたところで、裁判官も裁判員ももうへとへとになって、後は証言を聴き続ける気力が残っているかどうかも疑問です。これで一体どんな評議、どんな判決になるのか、と誰しも恐怖を感じるでしょう。

今までの裁判官だけの刑事裁判では、重大事件であれば、同一事件の公判期日はどんなに詰めても週一回程度が限度でした。そしてそのペースなら、裁判官も公判期日の度に前回の証拠調べの結果を反芻し、証言内容を検討し直し、疑問点の有無やその日の争点を確認した上で、その日の法廷に臨むことができたのです。

裁判員制度は、裁判員が法廷に飽きたり、疲れたりして法廷から逃げ出す前に裁判を終えなければならない、正しい裁判より裁判員の都合の方が大事だ、裁判の結果が正しいかどうかはどうでもよい、被告人のことも犯罪被害者のことも二の次だ、という発想でできた制度であるということを国民はよく認識しておかなければなりません。

裁判員からの辞退自由を追認

さらに本判決は、法及び政令において、裁判員からの辞退に関して柔軟な制度を設けている、とも言います。裁判員を務めることができない者は辞退できるようになっているのだから、国民に「意に反する苦役」を強いることにはならない、というわけです。

これまで、裁判員候補者に選出されたものの、裁判員選任期日に裁判所に行かなかったという者に裁判所が制裁（一〇万円以下の過料）を発動したことは一度もなく、それは国民の立場から評価できることですが、このように、制度上辞退が柔軟であるということが本制度が憲法違反でないということの理由とされたことによって、今後裁判所は、裁判員候補者が選任期日に裁判所に来ないとか、裁判員が公判期日に裁判所に来ないということに対して制裁を科すことはもはや不可能になりました。辞退が柔軟であるということが裁判員制度の合憲性を支えている以上、それは当然のことでしょう。最高裁は、裁判員制度を守ろうとして、ここまで譲歩したわけです。

その結果、本書八七頁「国民の離反」でも述べた通り、大事件で公判が何十日も続きそうであるため、相当数の人が辞退するであろう、あるいはそもそも最初から裁判所にやって来ないだろう、と予想される事件では、たった六名プラスアルファ程度の裁判員を確保するために実に数百通もの呼出状を発送せねばならない事態に立ち至っているのです。国民の圧倒的離反は明らかで、制度は崩壊寸前と言ってよいでしょう。

制度自体の矛盾

但し、このような辞退自由ということは司法への国民参加を謳い上げたい人たちからすれば、明らかに制度の本来の趣旨に反していることになるはずです。司法への国民参加が必要だと力説する人たちは、司法に国民各層の広範な意見、感覚、常識を取り入れる必要があるのだ、だから参加制度が必要なのだ、と訴えていたのでした。

しかし、陪審にせよ、参審にせよ、そういう発想で司法への国民参加を実施する場合には、当然その中に、その各層の一つとして、安定した職につき、社会、ビジネス、各種業務の最前線にいて、まさに社会を動かしているような人も当然加わっていなければなりません。そういう人たちを除外していては、とても「国民の感覚」を反映していることにはなりません。しかし、そういう人たちは社会の第一線にいるがゆえに、裁判所が公判を開きたがる平日の日中はものすごく忙しいので、極力逃げようとします。そういう人たちに、一週間ほどを空けてその最初の日に裁判所に来いということの（彼らにとっての）非常識さは、膨大な事件に追われて殺人的に忙しい裁判官に、その精神修養のため、○月○日から一週間を空けておいてその初日に○○寺に出頭し、一週間勤行をせよということの（裁判官にとっての）非常識さと同じです。

その結果、国民参加を実施している国では、参加者（特に陪審員の場合）には、現実には、退職者、失業者、無職者、専業主婦が多い、ということになるのです。

司法への国民参加を実施して、司法へ国民の中核層、中堅層あるいは指導者層の意見、感覚を反映させなければならない、という必要性と、そういう中核層、中堅層、指導者層は本当に忙しくて他人の刑事事件どころではないのだ、という現実をどう調和させるかというのは、司法への参加制度を実施する場合に永遠のテーマになるのですが、裁判員制度を作るときに、審議会でこの問題も考えた形跡がありません。呼び出しても来ないと一〇万円以下の過料だぞ、と言って脅せば、裁判員制度を嫌っている国民も皆恐れ入って、おとなしく出てくるだろうと安易に考えていたのでしょう。要するに、国民がそもそも司法への参加を求めているのかどうかという一番根本的なところで判断を完全に誤っていたのです。

また、裁判員を務めて遺体写真を見せられ、死刑判決にも関わった結果として、深刻なストレス障害に陥り、健康も職も失った人が、裁判員制度は憲法違反だと主張して福島で国家賠償請求訴訟を起こしたことは前に（第4章注（1）及び該当本文）述べましたが、それ以後、裁判所は、殺人事件での裁判員選任の際、候補者に審理では遺体写真が出てくるが大丈夫か、大丈夫でない人は辞退せよ、と言うようになったようです[2]。要するに、神経の繊細な人は裁判員として要らない、ふてぶてしい人だけ残ってくれ、と言っているわけですが、裁判がそういうことでよいのでしょうか。

他方、それでいて、遺体写真に胸を痛めるような繊細な人も裁判員に加わってくれ、ということにすると、今度はその人の人生が破壊されることになりかねません。

結局、この制度はどうやっても救いようがなく、企画自体が最初から無理だったのです。国民は、何のために高い給料を払って裁判官を雇っているのか、それは国民にはさせられない辛い仕事をさせるためではないのか、ということを思い出すべきです。

（2）　これを報じたメディアはいくつもあったようですが、私が見たのは、http://saibanin-iranaiinko.com/whats.html の「インコつつく」二〇一三年一一月二〇日の欄です。

金銭補償

本判決はさらに、「出頭した裁判員又は裁判員候補者に対する旅費、日当等の支給により負担を軽減するための経済的措置が講じられている」ことも、制度が憲法一八条違反でないことの理由として挙げています。

しかし、この点は私には全く理解できません。やりたくないという者に裁判員という重い職務をやらせるのは大きな負担となる、苦役だ、と言っているのはその裁判員の職務の肉体的な疲労、精神的な負担のことを言っているのであって、日当（旅費は実費ですから、論外です）を払っているからそれが減るというものではありません。

長時間の証拠調べに全部立ち会い、評議を尽くし、被告人の運命を決めるという裁判員の重大な職務の肉体的、精神的負担は、つまり手続に従って人を裁くという裁判の苦労は、日当をもらえば減るはずである、裁判とは所詮その程度のものである、ということは最高裁判所としては決して言ってはならなかったことです。この部分は、制度合憲化に使えそうな材料は何でも使うという最高裁の意思がよく現れてはいるものの、裁判ということの価値を下げるものでしかないと思われます。

第12章　制度折衷の悲劇と裁判官全員一致の怪

三者の関係

本判決はこの後、裁判員制度と陪審制、参審制の関係について、独自の議論を展開します。裁判員制度は、

「①裁判員が個別の事件ごとに国民の中から無作為に選任され、
②裁判官のような身分を有しない
という点においては、陪審制に類似するが、他方、
③裁判官と共に事実認定、法令の適用及び量刑判断を行う
という点においては、参審制とも共通するところが少なくなく……」

というのです（ここの①、②、③の番号と改行とは、説明の便宜上、私が付したものです）。

これだけを見ると、裁判員制度は、陪審制でも参審制でもなく、その中間にあるユニークな制度のように読めます。実は、司法制度改革審議会で、陪審賛成派と陪審反対派が激突した結果、議論がどうにも進まなくなってしまい、そこで当時の審議会の会長が、陪審制でもなく参審制でもない日本独自の制度を考え出すことにしようと言って取りあえずその場を納めたということがありました。本判決のこの

部分は審議会でのその時のやり取りを思い出させるものですが、それと平仄《ひょうそく》を合わせるために敢えてこう書いたのかもしれません。

しかし、およそ裁判員制度に関するこのような理解は正しいとは思われません。

本判決の論理の問題点

まず、国民から選ばれた者が「裁判官と共に事実認定、法令の適用及び量刑判断を行う」点において、裁判員制度は「参審制とも共通するところが少なく」ない（前記③）のではなく、これは参審制そのものです。国民から選ばれた者が、裁判官と一緒に、事実認定と法令の適用と量刑判断という三つの裁判過程全部に参加する形態を参審制というのです。そっくりそのまま同じものであるのに、それをなお「共通するところが少なくない」というレトリックだけでどこか違うように見せようというこの表現の壮絶さには誰しも驚くでしょう。

他方、陪審制のうち、②の陪審員が裁判官のような身分を有しないというのは参審員にもそのまま当てはまることであり、また①のうちの国民の中から無作為に選任されるというのも、参審員を選考で選出するドイツを例外として、フランスやイタリアの参審制にはそのまま該当することですから、結局、①のうちで陪審制特有のものは選任が事件単位というその一点だけです。

本判決がこう言うのは、このように強引な理屈を使ってでも裁判員制度を陪審制でも参審制でもなくて、その中間的なものと位置づけたいためと思われますが、これは陪審制をも憲法上可能とすることによって裁判員制度を合憲としたいという最高裁の意思が表れたものと見ることができましょう。しかし、陪審制が憲法上いかにも無理なことは既に説明して来た通りですし、何より、最高裁自身がこの判決の中で結論的にはそういう意味のことを言っている（本書一九九頁「『陪審制よ、さようなら』という判決」）のですから、この記述は何とも無理なものだと言わなければなりません。

このように、都合の良い共通点を都合が良いように表現すれば、どんな暴論でも可能になります。例えば、クジラは、①脊椎動物であって、②人間ではない、という点においてスズメに類似するが、他方、③水生であって、④食用になる、という点でタコとも共通するところが少なくない（から、クジラはスズメとタコの中間的存在である）というようなものです。

制度折衷の悲劇

しかし、裁判員制度は、参審制でありながら、参審員（裁判員）の選任が事件単位であるというその点だけは陪審制と同じです。参審制のドイツ、フランス、イタリアで、参審員はいずれも任期制であって（ドイツは四年、フランスは開廷期単位、イタリアは三年）、事件単位という所はありません。裁判員制度は参審制ですが、裁判員が事件単位で選出されるという点は陪審制と同様で、この一点だけは裁判員制度は参審制と陪審制の中間的存在と言えなくもありません。

さて、これは本判決の論理とは離れた政策論の問題ですが、およそ二つの制度を折衷して新しい制度を創設した場合、双方の長所を兼ね備えた制度になることもあり得ますし、普通はそれを期待してそうするのですが、双方の不都合だけを併せ持った制度になってしまうことも多いものです。そして、裁判員制度は残念ながらこの後者になってしまったように思われます。裁判員制度下では、参審制として裁判員を量刑にも関与させるにもかかわらず、その選任が事件単位というのは、経験を生かしてもらうという発想が全くないことを示しています。量刑は、法の下の平等という理念の下で、全国的にも時間の流れの上でも統一的になされるべきもので、その事件限りで感覚的に決めればよいというものではありません。しかし、事件単位で経験が積めない一回限りの裁判員の判断ではどうしてもそうなってしまいがちです。

最近は、裁判員審理で検察の求刑越えの判決が相次いでいることは前述しました（第4章注（8）及び該当本文）が、これはまさにこのような危惧が現実化していることを示しています。検察の求刑は、内部に決済制度を持つ組織において全国でほぼ統一的になされているわけですが、素人である裁判員がその事件限りでの感覚的、感情的な判断をしている結果、このように量刑の均質性、平等性が破れてきているのです。

陪審制では、有罪と評定された後の量刑は専門家である裁判官の専権で、素人である陪審員には関与させませんが、これは法の下の平等を守るという意味で、理由のあることです。裁判員に量刑判断もさせながらその選任は一回限りの事件単位、という制度にした点において、裁判員制度は参審制の不都合と陪審制の不都合を併せ持った制度と評価することができましょう。もし、審議会が、裁判員制度を純粋な参審制ではなく、陪審派に譲歩してこうしたのであれば、それは誤った配慮というべきものです。

個別意見

さて、地裁、高裁の裁判官とは異なり、最高裁判所の裁判官だけは、判決に自分だけの意見を表示することができます（裁判所法一一条）。最高裁判所の裁判官には国民審査（憲法七九条）という制度があるので、国民としては、最高裁判所の裁判官がどういう思想、意見の持ち主であるのかということを知っておく必要があるからです。この個別意見には、「反対意見」、「補足意見」、「意見」の三種類があることは前に書きました（本書一五六頁「経過」）。

我が国の最高裁判所の特色の一つは、この個別意見が、例えばアメリカの最高裁判所と比べると随分少ないことですが、それでも大法廷の判決となるような大事件、大論点ともなればある程度の個別意見がつくのが普通です。

判例集で見る限り、この半世紀間（一九六二年以降）に、最高裁が憲法に関する論点を刑事の大法廷の判断で示した案件は六八件ありますが、そのうち何らかの個別意見がついたものが三二件で、ほぼ半数近くになります。大法廷判決といっても、被告側がとにかく無理に憲法上の論点をつけて上告しただけのもの（刑事事件で上告するには憲法違反か判例違反でなければならないというのが原則）で、個別意見などつけようのないものが多かったのは事実ですが、大部分の論点が落ちついた昭和五〇年以降から昨年までの例を見ると、最高裁の大法廷が憲法的論点について判断を示したほどの事件については、大部分の判断に何らかの個別意見がついています。最高裁判所が大法廷で扱う大問題であり、一五人もの裁判官が関与している以上、それは当然のことでしょう。

本判決の特異性

ところが、本判決は裁判官一五人全員の一致した意見であって、個別意見が一つもありませんでした。

憲法上のこれほどの大問題であり、つい一〇年ほど前には最高裁の裁判官の大方が憲法上の疑義があると考えていたという問題が、今日ではその司法府の最高の地位にある一五人の裁判官が全員全く同じことを考えていて、結論やその理由付けに反対する意見（反対意見、意見）も、法廷意見に独自につけ加えたいという意見（補足意見）も全くないというのは、何とも不自然で不気味なものです。最高裁は、裁判員制度を守ろうとする余り、判決理由の隅々に至るまで、一文一句に至るまで全員一致でなければ制度が崩れかねないと考えて、敢えて内部の裁判官全員を締めつけてそうしたのかもしれないと疑われます。

仮にそうであったのであれば、その恐るべき事態は、最高裁の強い危機意識の現れではあるとしても、もはや司法とは言えないでしょう。裁判官の独立に対する侵害であることは明らかで、司法の自殺とでも言うべき事態です。

せめて、結論は同じく合憲判決であっても、一五人の裁判官がそれぞれ存分に個別意見に筆を揮い、百花繚乱の個性的な判決であった方が、まだしも我が国の司法史、大法廷判決史に残る名判決となり、国民の司法参加論に関する貴重な先例となったでしょう。

今は判例がすっかり落ち着き、固まってしまっているので、憲法の論点を扱う刑事大法廷判決は実は一九九五年以来になるのですが、それがこの結果であるというのは私には情けないと思われたことでした。

「偉大な少数意見者」

二〇世紀前半のアメリカの連邦最高裁判所に、オリバー・ウェンデル・ホームズ二世（Oliver Wendell Holmes, Jr.）という裁判官がいました（在職一九〇二～一九三二）。その当時としては必ずしも世に容れられなかったものの、将来を見通す進歩的な少数意見を数多く書いて、「偉大な少数意見者」（Great Dissenter）と謳われ、後には「アメリカの良心」とまでたたえられて、国民の敬愛を集めた人です。

ソビエト社会主義共和国連邦が一九二二年に成立してアメリカ全土が「アカへの恐怖」で逆上していた一九二〇年代、ある左翼活動家に対する言論弾圧事件で、彼は、被告人有罪の多数意見に反対して、被告人無罪の反対意見を書いたのですが、その反対意見の締めくくりは、「私は、被告等が、この起訴状に基づいて彼等に下された有罪判決において、合衆国憲法による彼等の権利が剝奪されたという私の信念を、より一層感銘を与える言葉で表現できぬのを遺憾に思う」という感動的なものでした[1]。

アメリカ連邦最高裁の判決には、中には、これは？　と思うものもありますが、時として現れる、このように良心的で格調の高い意見がその全体の評価を高めているのです。

それに対して我が国の最高裁判所の裁判官たちは、前記のような粗雑極まる論理に誰も抵抗せず、換言すれば一人のホームズ判事もいず、唯々諾々と（かどうかはわかりませんが）多数意見に同調したわけで、彼我の裁判官の差は圧倒的と言わねばなりません。

（1）　伝記作者は続けて言います。「ホームズ判事は、遺憾に思う必要はなかった。彼の言葉は十分感銘を与えるものであった」と。キャサリン・ボーエン（鵜飼信成ら訳）『判事ホームズ物語（下）』（法政大学出版局、一九七八）二七六頁。

砂川事件判決からの示唆

昭和三〇年代前半、砂川事件と呼ばれた大事件がありました。米軍立川基地の拡張を巡る紛争の際、基地拡張に反対するデモ隊の一部が基地内に立ち入ったとして「日本国とアメリカ合衆国との間の相互協力及び安全保障条約第六条に基づく施設及び区域並びに日本国における合衆国軍隊の地位に関する協定の実施に伴う刑事特別法」違反で起訴された事件です。

一審は、日米安保条約及びこれに基づく刑事特別法は憲法違反だとして被告人に無罪を宣した（いわゆる「伊達判決」）のですが、最高裁大法廷はこれを覆し、裁判官一五人の全員一致で、日米安保条約は憲法に違反しないとしたのでした（昭和三四年一二月一六日判決最高裁刑事判例集一三巻一三号三二二五頁）。

ところが、二〇一三年四月になってから、アメリカ側の公文書公開によって、この砂川事件の判決について、驚くべき報道がなされました。この我が国最高の国是ともいうべき日米安保条約の合憲性につき、反対意見が混じって「世論」の「動揺」を来すことのないよう、当時の田中耕太郎最高裁長官が最高裁内部で暗躍して（つまり、最高裁の裁判官達を締め上げて）全員一致の判決を導出したのではないかという疑いが出てきたのです。

資料(2)によれば、アメリカ大使館が一九五九年八月三日付で本国の国務長官に宛てた書簡の中に、「田中耕太郎長官は、共通の友人宅でのアメリカ大使館首席公使との会話の中で、砂川事件の判決は一二月であろうという見通しを語った」ほか、「『問題はその後で生じるかもしれない。というのも、彼の一四人の同僚裁判官たちの多くが、それぞれの見解を長々と弁じたがるからである。［田中］裁判長は、結審後の審理は実質的な全員一致を生み出し、世論を〝揺さぶる〟素になる少数意見を回避するようなやり方で運ばれることを願っている』と付言した」（『　』は理解の便宜のために西野が付したもの）という記載がありました。

田中長官がその「願望」を実現するために何をしたのかということはこれを判断するだけの資料はありません。しかし、田中長官がそういう願望を「付言」し、そして結果がそうなっているということからすると、そこには長官の「同僚裁判官」へのそういう働きかけがあったのだろうと推測することには相応の合理性があると言えるでしょう。

もしこれが事実なら、司法の独立、裁判官の独立を侵害する大変な不祥事で、我が国司法史上の一大汚点と言わざるを得ませんが、それでもこの砂川事件の大法廷判決には、五件六人の補足意見（六人目は五人目の人の意見に同調）、二件三人（三人目の人は二人目の意見に同調）の意見があり、判決理由の分量のうちの実に九割近くはこれらの個別意見でした。

しかるに、今回の裁判員制度合憲の大法廷判決は、これほどの大問題で、しかもつい一〇年ほど前には最高裁判所の裁判官の大方が憲法違反の疑いがあるとしていた論点について、この粗雑な判決理由に一人の反対意見もなかっただけでなく、一人の補足意見も一人の意見もなかったのです(3)。

これは明らかに不自然なことで、当然最高裁内部で誰かの何らかの働きかけがあった可能性を考えなければならないでしょう。今の段階ではそう判断すべき資料はありません。しかし、これほどの大問題で、しかも、前記のような異常な非論理的判決について言葉の端々に至るまで一点の揺らぎもない現象とはこれを奇怪と呼んで差し支えなく、これは、裁判員制度をめぐる最高裁の不審な動きの集大成と呼ぶのにふさわしいものであると考えます。我が国の最高裁判所は、昭和三四年頃よりも一層劣化したというのが私の感想です。

なお、砂川事件での当時の田中最高裁長官の不審な動きを、その判明後に激しく非難した一部の大新聞も、裁判員制度での合憲大法廷判決の全員一致の不自然さ、奇怪さには全く触れません。砂川事件大法廷判決で最高裁長官が内部で何らかの働きかけをしたのではないかという汚点の可能性を持ってしまった我が国において、こちらの方でもそういう可能性があったのではないかということにマスコミが気づいていないとは思われず、これに触れないのは裁判員制度擁護という別の考慮によるものでしょう。

（2）布川玲子・新原昭治『砂川事件と田中最高裁長官——米解禁文書が明らかにした日本の司法』（日本評論社、二〇一三）六一頁。

（3）もっとも本件大法廷判決の場合には、そのあまりの屁理屈のオンパレードに、ものを見る目のある最高裁判事なら、個別意見をつけるのがばかばかしくなったという可能性がないとは言えないでしょう。

異様な国策判決

本判決は最後にこう言います。「この制度が陪審制や参審制の利点を生かし、優れた制度として社会に定着するためには、その運営に関与する全ての者による不断の努力が求められるものといえよう。……司法の国民的基盤の強化［という］目的を十全に達成するには相当の期間を必要とすることはいうまでもないが、その過程もまた、国民に根ざした司法を実現する上で、大きな意義を有するものと思われる。このような長期的視点に立った努力の積み重ねによって、我が国の実情に最も適した国民の司法参加の制度を実現していくことができるものと考えられる」と。

裁判所の判断はその訴訟で論点となっているものについてだけ判断を示すというのが原則ですが、判決のこの部分は、裁判員制度が憲法違反かどうかという本件での論点に関係がないだけでなく、我が国の司法史上例のない決意表明判決であり、国民教化判決であり、要するに国策判決であるという点で極めて問題であると思われます。相撲に例えれば、行司が勝った方に軍配を上げただけでなく、関係者全員に「不断の努力」を求めたようなものです。裁判員制度の「運営に関与する全ての者」と言えば、裁判員として関与する国民も当然含まれます。ある政策を是として事件当事者ではない国民に「不断の努力」を求める判決、おまえたちはしっかりやれと言う判決があってよいのでしょうか。ここには裁判官の公僕意識ではなく、国民を高みから「教化善導」しようという意識が透けて見えます。

最高裁判所の裁判官は識見の高い者でなければならないという規定が裁判所法の中にある（裁判所法四一条一項柱書）のですが、識見が高いはずの最高裁判所の裁判官一五名が一糸乱れず完璧に足並みを揃えてこのような判決を出したということは、我が国にとって決して名誉なことではありません。むしろ、日本の司法の恥と言うべきところで、何とも索漠たる思いを禁じ得ません。要するに、この判決は、これは史上稀な国策御用判決だからそのつもりで読め、と自分で言っているようなものです。

裁判員法の法案を国会に提出した当時の内閣関係者も、当時、法案に賛成票を投じた国会議員たちも、裁判所は制度を淡々と運用してくれればよいのだ、大法廷判決に数票の反対意見が混じっても別にどうということはない、薬が効き過ぎた、こんなにまなじりを決して、力みかえる必要はないのだ、と苦笑しているかもしれません。しかし、ここに裁判所内部の権力闘争がかかっているとなれば、最高裁の多数派は一歩も譲ることはできなかったのでしょう。

ただし、この判決は、実質的に、裁判員をやりたくない者はやらなくてよいと言っている（本書二〇九頁「裁判員からの辞退自由を承認」）わけですから、最高裁の立場としては、全国民にこの制度に協力せよと言うわけにはいきません。最高裁としては、裁判員をやりたい、裁判員制度に協力したいという者だけが協力してくれればよく、それで制度は維持できるわけです。そこでこの観点から改めて判決文を見ると、「その運営に関与する全ての者（による不断の努力が求められる……）」なっています（傍点引用者）。つまり、制度の運営に関与しない者、裁判員を辞退した者にはそういう「不断の努力」は求められないことになります。

裁判員制度を「陪審制や参審制の利点を生かし、優れた制度として社会に定着」させるためなら全国民に「不断の努力」を求めてもよさそうなものですが、最高裁もさすがにそうは言わず、ここでその対象を「運営に関与する」者に限定したのは、実質的に、裁判員からの辞退は自由である、やりたくない者はやらなくてよいという判断と平仄を合わせたものでしょう。

「国民参加」の通弊

純粋な国民参加である陪審制の本質は、真相を追求するための制度ではなく、要するに、その被告人を処罰したいのかしたくないのか、ということを、地元民を集めてその意思表示によって決めさせる制度です。(4) 裁判に（せよ、他の分野にせよ）素人を参加させると、それを決める要素として、そうしたいかどうかという「意欲」が混じってくることは必然的で、程度の差はあるにせよ、これを完全に封じることは不可能です。

しかるに、我が国では、司法府の最高機関が裁判員制度を維持したいという意欲を、このように、あからさまに、そして断固たる意思をもって、全員一致で表明しているわけで、国民参加の弊害はこのような形で現れたと言ってよいでしょう。陪審制の評決は、多数決ではなく全員一致によるものであることが原則であったことが思い出されます。

（4）　拙著『裁判批判論』一四一頁。

プロフェッショナリズムの衰退

最高裁判所大法廷の判決ともなれば、これまでの裁判員制度違憲論の諸論拠を十分吸収、咀嚼した上で、違憲論者といえどもたじろぐほどの説得力ある論理と高度の品格で、最高裁判所の存在感を示すものでなければならなかったはずです。しかし、実際に出てきたのは論理を無視した国策判決でした。裁判員制度は、「司法に対する『国民の理解の増進とその信頼の向上に資する』ように実施すると裁判員法に書いてあるのですが、本判決はとても最高裁判所に対する「国民の理解の増進とその信頼の向上に資する」所以ではありません。

私見によれば、本判決に顕著に見られるのは、プロフェッショナリズム（専門家としての矜持）の驚くべき衰退です。今の我が国では専門家が活動すべきさまざまな分野においてその専門家の意識の劣化が急速に進み、専門家としての誇りを持っていればこんなことはできないはずだという事件があちこちの領域において増えているという憂うべき状態にありますが、その悪弊がついに司法府にも及んできたということを証明してしまったのが本判決です。

法や条文は言葉でできていますから、法の専門家には言葉に対する繊細でみずみずしい感覚と言葉が持つ力への畏敬の念が欠かせません。そして、自分たちが今操っている言葉が我が国の将来に何をもたらすのかという洞察力も当然に必要です。

しかし、本判決に現れているのは呆れるばかりの言葉の軽さで、その根底には、ある目的のために是が非でも裁判員制度を合憲としなければならない、そのためには判決の理由欄にとにかく理由らしいものを並べておけば足りる、という安易な発想があります。

本判決は、最高裁判所始まって以来、最も言葉の軽い判決であると評して差し支えないでしょう。と同時に、屁理屈のオンパレードとして国民に貴重な教材を提供したものとして、長く司法史上に残るものでもあるだろうというのが私の感想です。

マスコミの問題

裁判員制度を批判することは今の我が国ではもはやタブーとなり、一般の国民には片側からの情報、意見しか届かないようになっていることは本書冒頭で書いたことですが、本判決がただ一色であって、いかなる異論も許さない決意を表明していることはまさにこれを象徴していると言えるでしょう。

そして、今や裁判所の内部は、「裁判員制度導入決定後、現場の［地裁、家裁の］所長達から、「裁判員」制度へのラブコールが口々に上がった……。この時点を境として、司法行政のあり方、裁判官の世界のあり方は、［一九八〇年代の］矢口洪一体制時代以上に硬直的、一元的なものとなっていった。つまり、異論を許さない体制であり……もしも公的見解と異なった意見を何事についてであるにせよ抱いているならばもはや居場所がないような体制[5]」なのだそうです。それで、今の裁判所では、現場の裁判官が裁判員制度に反対などしていたら命がいくつあっても足りないので、裁判員制度への忠誠を競い合っているのかもしれませんが、次の問題は、そういう傾向がマスコミにも現れていることです。

現に、本判決の直後、いくつかの大新聞は、これだけ問題だらけの判決の中身に全く踏み込まず、ひたすらこれをほめたたえる社説を掲載して、裁判員制度のキャンペーンを続けたのでした[6]。一見中立を装ってそうしているあたり、政府の広報より要注意と言えるでしょう。その論理の粗雑さに、彼らは本気でそう思っているというより、時々全面広告を出してくれる大スポンサー様に逆らうことはできないと思ってそうしているのかもしれないと思うときがあります。特に現場の第一線の記者の中には、この制度はおかしいと思っているけれども、本社の意向で制度を批判するような記事は書けないのだと正直に教えてくれた人もいました。

裁判員制度が我が国にもたらしたものの中に、権力によるマスコミ操作の技術や、新聞・雑誌のなだれを打つような御用機関化を挙げざるを得ないのは、我が国の未来を誤らせかねない巨大な悲劇と言うべきものであろうと考えます。

（5）第7章注（9）瀬木比呂志『民事訴訟の本質と諸相』一九二頁。

（6）その傾向が最も顕著であったのが二〇一一年一一月一九日の『朝日新聞』の社説です。これは「この国の主人公は一人一人の国民である。判決は、その思いを新たにする契機になった」と、裁判員制度とこれを合憲とした本判決を賞賛していますが、そのうち憲法論に関する部分は、「合憲か違憲かの争いに決着がついた」、「違憲の主張はさまざまだが、そうした指摘を踏まえ、憲法に適合するよう工夫して制度は作られた」、「憲法を制定する段階から……将来、参加に道を開くときの妨げにならぬようにと条文が練られた。先人の見識と知恵にあらためて敬服する」というものです。

私はこれを書いた記者が、御用学者の制度合憲論の御用論文以外に、憲法と本判決をどこまで読み込んだのか疑問に思っています。

第13章　裁判員制度の未解決の問題を追究する

直接主義の崩壊

さて、この勇敢な大法廷判決にもかかわらず、まだ解決されていない問題は実はまだたくさんあります。

最高裁の変節に関して最高裁から何ら説明がないという問題は既に述べました。また、弁護人が上告理由にしていない点（憲法一八条の問題）について最高裁がほしいままに判断を加えたという問題も既に述べました。この後者については、その判断はただの傍論ですから、先例としての価値を持たず、未だ正式には判断はなされていないというべきものです。

ほかには、例えば、裁判員の交代があって手続の更新が行われた場合（これについては本書二一八頁「補充裁判員を使い切った場合」）や、複合事件で分離審判、区分判決となった場合に、証拠調べを直接体験したわけではない裁判員が被告人の最終的な運命を決めることになるが、証拠調べを見ていない裁判員が加わった法廷は憲法上の「公平な裁判所」とは言えないのではないか、という疑問は当然考えられるところです。

しかし、最高裁が裁判員制度を維持しようとしているのは、適正妥当な判決のためにこの制度が向いているからではなく、裁判所内部の権力闘争のためなのですから、どんな詭弁、強弁を弄してでも、これらの部分も合憲だと言うことが予想されます。

良心の自由

その中で、私が特に重要だと思うのは、裁判員などはやりたくないと思う国民に裁判員であることを強いる本制度は、意に反する苦役を強いるものであるだけでなく、前に述べた通り、人を裁く、場合によっては人を死刑台に送る、ということは絶対にしたくないと考えている者に、おまえはこの被告人をどうするのかということに対する意見表明を強要している点において、人の思想、良心の自由を侵害することが明らかだということです。

人の内心の自由は憲法の保障する各種の自由権のうちで最高度の尊重を必要とするでしょう。国家権力が人の内心に手を伸ばしてはならないことは当然で、おまえは何を考えているのだと迫れることになっては、SFの世界のような恐怖の国になってしまいます。その人の思想の自由を侵すこの制度が憲法違反となることは避け難いのです[1]。

（1）弁護士の中でも、一般国民を裁判員にして、被告人の有罪・無罪を判定させること、そして量刑を判断させること（「この人には生きていく価値があるのかどうか」（！）という判断を含む）は、【驚くべきことに、と言うべきでしょう】人の思想・信条の自由を侵害するものではないという人がいます（第3章注（1）『激論！「裁判員」問題』一三四頁、一三八頁、一四三頁高野発言）。ただし、これは、刑事裁判とは人を裁くことではない、という、その人の独自の見解によるものです（同書一三五頁)。

沈黙の自由の保障

実はそのことは裁判員法もわかっていて、裁判員は公判や評議に出席し、評議において意見を述べる義務があるとされていますが、これを怠った場合の制裁に大きな差があります。裁判員法上、公判や公判準備への出席を怠ると過料の制裁があり得るのですが、評議についてはそうではなく、評議で意見を述べないことに対する制裁規定はありません。それだけでなく、評議で意見を述べないことによって裁判員を合法的に辞めることができます。裁判員法に、裁判所は評議で意見を述べない裁判員を解任するという規定があるのです。この解任は裁判所の裁量ではなく、評議で意見を述べない裁判員は必ず解任しなければなりません。憲法が尊重する思想の自由という観点からすれば当然のことです。

今回は、弁護人はこの点を上告理由としなかったので、この点についての最高裁の判断はありませんでした。しかし、内心の意見の開示を迫ることは憲法違反であるというこの論点が正面から提起されたら、最高裁は何と言うでしょうか。最終的に意見を述べなくてもそれに対する制裁がないということは、意見を述べない自由があることになるから、制度は違憲ではないというのかも知れませんが、それはただの屁理屈に過ぎません。裁判員の立場からすると、それでは評議に至るまでの長い公判には付き合わざるを得ない(これに付き合わないと過料の制裁があり得る)し、意見を言えと迫られることまでは避けられないからです。

国民参加の本質

先にも触れたことですが、およそ司法に国民を参加させるというのは、国民各層の多様、多彩な感覚を司法に反映させることが目的であるはずです。そうでなければ、膨大な費用（もちろん国民の血税です）、労力をかけて司法参加をやる意味がありません。年齢、職業、経歴、性別、思想その他もろもろの多様性があってこそ国民参加は意味を持つのです。参加者が退職者、失業者、無職者、専業主婦だけであるとか、経済がからむ事件においておよそ取引、ビジネスの世界には全く縁がなかった人ばかりであるとか、男女関係がからむ事件において裁判員の性別が一方のみであるとか、介護や育児が絡む事件において老人や子供に接したことがない人ばかり、というようなことでは国民参加の意味がないのです。

従って、真に国民参加の実を挙げようとするのであれば、そこには強制という要素が本当は欠かせません。他人の裁判どころではないとおまえは言うかもしれないが、国家の骨組みの一つである刑事司法のために、どんな事情があろうとも出て来い、来なければ処罰する、というのが司法への国民参加です。長い間、司法への国民参加制度を持つ国と徴兵制を持つ国とはほとんどイコールでした。国民の個人的な事情よりも国家の利益の方が大切だという明確な意思がそこによく現れているわけです。

人権尊重が当然である現代にあっては何とも乱暴なこの発想を国民に無理やりにでも納得させる根拠が、或いは憲法上の明文であり、あるいは数百年にわたる司法の伝統であったのです。

しかるに我が国では、憲法上の明文もなく数百年にわたる司法国民参加の伝統もなく、あるのは、憲法上、意に反する苦役を禁じる条文であり、思想・良心の自由を保障する条文であり、自白だけでは有罪にならないという条文であり、裁判官の独立を保障する条文であるわけです。それでもなお裁判所内部の権力闘争の片棒を担いで、裁判員制度は合憲であると強弁する御用学者や御用弁護士がいるのは悲しむべきことです。

被告人の辞退権

二〇一二年から制度の見直し作業が始まりましたが、一番良いのはこのあまりに乱暴で、企画自体に無理があるとしか言えないこのシステム自体を止めることでしょう。しかし、そこまで行けなくても、被告人にこのシステムを辞退する権利を認めること、つまり、被告人に裁判官審理か裁判員審理を選択する権利を認めることだけは絶対に必要だと思います。裁判員審理の対象となるのは重大事件だけですから、死刑の可能性は十分あるし、現に死刑判決もいくつか出ています。おまえは死ね、と言われるかもしれない被告人としては、自分が納得できる裁判方式でやって欲しいと思うのは当然のことです。「国民の司法参加」必要制度論者がよく引用するアメリカの陪審制では、被告人には審理方式に対する選択権がありますし、第二次大戦以前の我が国が採用していた小規模で特殊な陪審制でも被告人にはこの選択権があったのでした。

もし、「見直し」後も大戦前の日本でさえ認めていたこの被告人の最低限の権利さえ認められないというのであれば、それはこの制度が、国民参加という形式的な理念のことだけが念頭にあり、被告人の運命やその納得などはどうでもよい、裁判とはその程度のものでよいのだ、という思想に基づいたものであるということを改めて確認したことになると言えましょう(2)。

二〇一四年段階の見直し案には、被告人にこの選択権を認めることは案の定入っておりません。そして、裁判員制度支持論者はこぞって被告人にこの選択権を付与することに反対しています。仮に被告人にそういう選択権を付与すると、被告人の大部分がこの恐ろしい裁判システムから逃げ出し、制度が崩壊することが制度賛成論者にもわかっているからです。制度賛成論者でさえ、自由選択制にしたら被告人が皆逃げ出すことがわかっていて推進する裁判制度とは実に恐ろしいものではありませんか。

（2）　詳細は拙著『裁判批判論』3章。

第14章　裁判所侮辱罪との関係

次に触れておくべきは、実体的真実主義を取り、そして裁判所侮辱罪という包括的な規制のない国において、裁判所の心証・結論形成の内側に素人を無批判に取り込んだのは誤りではなかったのかという問題です。

裁判所侮辱罪とは

裁判所侮辱罪（法廷侮辱罪とも言う）とは、陪審制の母国である英米法上の概念で、裁判官の命令、判決の無視に対する制裁として、身柄の拘束又は制裁金（場合によってはその双方）を科されるというものです。訴訟に関わりを持つ者が、①法廷で裁判官の指示、命令に従わなかった場合はもとより、②法廷外で何か裁判官の指示、命令の違反があった場合も同様ですし、③何かの作為・不作為を命じた民事判決に従わなかったということで、これに問われることもあります（身柄拘束は一種の間接強制ということになります）。そして、この制裁が極めて強力であるのは、検察官の起訴を待たずに裁判官の判断だけで即時に執行力が生じるということです。英米では裁判官の地位は極めて高く、こういう強大な裁量的権限が承認されているのです。

我が国の法制度は明治以来、欧州大陸のフランス法及びドイツ法を受け継いできたので、こういう包括的な制度はありませんが、前記①についてのみ一九五二年に「法廷等の秩序維持に関する法律」という法律ができました（昭和二七年法律第二八六号）。法廷等（「等」とは、法廷以外に準備室、和解室などを含むという意味）での暴行・暴言などの不穏当な行為を裁判官が認識、判断すれば直ちにその場で制裁（二〇日以内の監置という名の身柄拘束若しくは三万円以下の過料またはその双方）を科すことができるという制度です。

この観点から裁判員制度を考えてみると、ある重大な疑問があることがわかります。それは評議のあり方です。

裁判所侮辱罪の本場である英米では、刑事裁判は陪審制ですから、そこには実体的真実主義というものがなく、手続が適正である限り陪審員の意欲に基づくその判断は常に正しいという前提があるわけです。それだけにその「ゲーム」のルールは厳重で、これに違反すれば裁判所侮辱罪に問われることがあり得るのです。

例えば、裁判官は陪審員に、自宅でその事件に関連したニュースを見ないように、あるいは、正式な評議が始まるまでは陪審員同士の内輪で事件の話をしないように、はたまた、私的に事件現場を見に行ったりしないように、と注意しますが、その違反行為はいずれも裁判所侮辱罪の対象になり得ます。

ここで思い出されるのは前にも引用（第2章注5）したアメリカ映画「怒れる一二人の男たち」のことです。あの映画の中で、最初から一貫して無罪説だった八号陪審員の行動として、被告人が被害者を刺殺した凶器のナイフ（検察官の立証によれば、極めて珍しいタイプのナイフだということでした）と全く同じ型、意匠のナイフをその辺の金物屋で買ってきてあったものを見せ、検察官の立証通り凶器のナイフは極めて珍しいタイプだと信じ込んでいた陪審員一同があっと驚くというシーンがありました。

八号陪審員のこの行動は、正規に証拠調べの対象となった物証以外の物を心証形成の材料として提供しているわけで、歴然と違法です。裁判官に知れたらただでは済みません。当然裁判所侮辱罪に問われるところです。そして、評決も違法となります（但し、陪審制下では無罪判決に対する検事控訴という制度はないので、一旦出た無罪判決はそのまま確定するため、上級審がその無罪判決を破棄するということはありません）。

裁判所侮辱罪がない我が国での状況

さて、我が国には裁判所侮辱罪という包括的な規制はない上に、実体的真実主義という大原則があることは既に触れました。そういう状況の中で、ある裁判員が、適正妥当な結論を目指す余り、正式な評議に先立って他の裁判員（の一部）を語らって密かに（又は、おおっぴらに）内輪の評議をしたり、あるいは、真相究明の熱意に燃える余り、密かに事件現場を見にいくということがあった場合、それはどう考えるべきでしょうか。

裁判員法にはこういう行為を処罰の対象とするという規定はありませんが、前者（内輪の評議）と後者（私的な検証）とではその性格に違いがありそうなので、分けて検討してみることにしましょう。

まず、内輪の評議から検討することにします。

評議前の裁判員同士での事件の話を規制する法令はありません。また、裁判員同士であれば秘密漏洩にも当たりません（一〇八条一項ないし三項）。

もっとも、裁判所は、裁判員同士が正規の評議前に内部で事件の話をすることを歓迎せず、裁判長が裁判員に対して、休憩時間中であれ、その日の審理終了後であれ、正規の評議前は裁判員同士で事件の話はしないように、と注意しているかもしれません。裁判員の中で、有能で、合理的な思考ができ、説得的な言葉を使いこなせる者が、審理の途中で、裁判官のいない所で、他の裁判員の全部又は一部に強い影響力を行使することを歓迎しないということは一応理解できることです。

しかし、裁判員制度では、陪審制の場合とは異なって、評議の時間があらかじめ限定されています。また、事案の真相の発見を求めず、一定のルールの中でどちらの当事者が勝訴するのかということをゲーム感覚で陪審が決めるという陪審制とは異なり、我が国の刑事訴訟には「事案の真相を明らかに」（刑事訴訟法一条）するという目標があり、さらに、裁判員制度の目的は「司法に対する国民の理解」を「増進」させ「その信頼」を「向上」（裁判員法一条）させることであるとされています。

従って、真相究明、適正妥当な司法の実現、ということの熱意に燃える裁判員が、他の裁判員と、証拠の評価その他の各種の論点に対する心証について、時間が取れるときに対話、議論をしたいと思うことは当然で、また、このような対話、議論によって司法に対する理解の増進が期待できます。まさに裁判員法立法の目的にかなうわけです。裁判員制度の目的から見て、このような行為を禁止したり、解任の理由にしたりするのは制度の趣旨に反することです。

これに対して、裁判官での統制下で、かつ、限定された時間内での正規の評議に至るまで裁判員同士で事件に関する話をしてはならないということにするのであれば、それは、裁判員は真相究明の熱意を持つ必要はない、一定の時間とルールの範囲内でだけ判断すればよい、刑事裁判とは所詮その程度のものである、という公式のメッセージを出すことになります。とても司法に対する国民の理解を増進させることにもならないし、その理解の向上に資することにもなりません。よって評議前の裁判員相互間の事件に関する意見交換は自由たるべく、裁判長は裁判員にこれを制約するような指示をすべきでないと言ってよいでしょう。

だからこそ、裁判員・元裁判員が事実認定や量刑について意見を述べる（述べた）ことに対する罰則を定めた裁判員法一〇八条五項ないし七項は、その相手方を「他の裁判員若しくは補充裁判員以外の者」（五項の場合。傍点引用者）と限定しているのです。

仮に、そのような行為を禁止したところで、会話、電話、メールでの意見交換を完全に禁圧することはできないし、皆が秘密を守る限り、その存在を探知することも不可能だろうと思われます。

予備評議

さらに、これの極限類型として、審理は終結した、評議は翌日、という場合に、あるいは、評議が続行となった場合に、有志の音頭で、「今晩、〇〇で『予備評議』をやりましょう。正式な評議では時間の制約もありますし、裁判官が同席していてはつい萎縮して、なかなか思ったことも言えないでしょうから、我々裁判員だけで事前に内輪の話をしておきましょう。都合のつく人はご参集下さい」というのも考えられます。こういうパターンはどうでしょうか。

裁判員法も裁判所もこういう事態を予想してはいないと思います。正規の評議は構成裁判官と全裁判員が行うべきものとされているからです（六六条一項）。しかし、こういう「予備評議」を禁ずる条文はないし、どの解任事由にも当たりません。裁判員たちが真相の究明と正しい裁判を求めて自主的に、そして自由に意見を交換する、また、正式の評議において議論しておくべき論点をあらかじめ整理しておくというのは、その職務熱心さを表していてむしろ望ましいことであり、これによって司法への理解は大いに進むことでしょう。

よって、裁判員同士の「予備評議」は、ほめるべきことではあっても、当該裁判員の解任事由にはならないと考えられます。

これは仮に裁判長が事前に、正式の評議以前には裁判員同士で事件の話はしないように、と注意していた場合でも同様です。これは「公判廷」での行為ではないし、「手続の進行を妨げた」ことにも当たらないから、四一条一項九号の解任事由にも当たらないからです。

しかし、このことは、裁判官の結論形成又は裁判官及び裁判員全体の結論形成とは全く別の所で、本来の評議に先だって、裁判員グループ（全員又は裁判員の中の多数派）が独自に「評議」の上で結論を形成することを禁止する、止めさせる、又は防ぐことはできないということを意味します。

「国民の中から選任された裁判員が……刑事訴訟手続に関与することが司法に対する国民の理解の増進とその信頼の向上に資する」（一条）という目的を掲げてしまった以上、熱心な裁判員だけの裁判所外での討議を禁止することは無理ですし、敢えて強行すればこの一条の趣旨に反します。しかし、こういう事態を許容又は放置することは、「裁判員が裁判官と共に刑事訴訟手続に関与」（一条。傍点引用者）という制度の本来の趣旨に反するでしょう。

後者を優先するのであれば、熱心な裁判員だけの事前評議は禁止し、かつ、その実効性を担保するために、その違反行為に対しては罰則又は解任をもって対応しなければなりません。しかし、実体的真実主義を掲げた現行刑事訴訟法の下で、裁判員は予め決めておいた時間内での評議だけに対応すればよい、熱心な裁判員はいらない、真相究明は二の次でよい、というメッセージを公式に出すわけにはいきません。

それに、最終評議で裁判員が裁判官「と共に」評議を行って結論を出すことで裁判員法一条の要請は十分満たされているはずです。裁判員が裁判官のいないところで事件に関する何らかの意見交換をすることはすべて不当であるとすることは無理ですし、裁判員法はそういうふうにはできていないのです。

私的検証

次に、裁判員の私的な検証について考えてみましょう。例えば、犯行現場はどんな状況かと見にいくこと、あるいは、犯行時間に犯行現場を見に行くとどうなるでしょうか。

これは本来は違法です。事実の認定は証拠による（刑事訴訟法三一七条）べきところ、ここでいう「証拠」とは適法な証拠を適式に調べたものに限るのでして、私的な検証は私的な証拠調べですから、それによる心証形成は歴然と違法です。違法な心証形成に基づく判決も違法ということになりますから、もし発覚すれば、上級審で破棄は免れませんし、その裁判員は不公平な裁判をする恐れがあるということで、解任されるかもしれません。

しかし、我が国には裁判所侮辱罪という法制度がありませんので、裁判官の命令で個人的な制裁を受けることはありません。また、不公平な裁判をする恐れがあるという理由での解任は手続がなかなか面倒[1]なので、裁判長がその面倒さを嫌う余り、解任まですることは断念して、そういうことは違法だからもう絶対にしてくれるな、そしてその結果を心証に反映させないように、という程度の口頭の注意にとどめ（文書にすると、記録に残る）、私的な検証を実行したこと自体には目を瞑ってくれるかもしれません。

私的な検証の結果を心証に反映させないように、と言ったところで、これは素人の裁判員に、自宅で新聞、テレビを見てもよいが、その内容を心証形成の材料にはしないようにという注意と同じで、所詮気休めに過ぎません。専門家の裁判官ならそういう区別ができるでしょうが、素人にはとても無理です。

判断にそう判断した理由は要らないという陪審制でさえマスコミの影響を恐れて、往時は陪審員は任務が全部終了するまでは宿舎に缶詰めにされて、途中での帰宅はできなかったのです。そして審議会では裁判員を審理途中で帰宅させてマスコミに触れさせるとどうなるかということを全く議論も検討もしないでいたのでした。実体的真実主義という原則を持たない陪審制でさえマスコミの巨大な影響力を恐れて陪審員を任務終了までは隔離しておくということをしていたのに、我が裁判員制度下の裁判員の場合にはそういうことはどの委員の念頭にもなかったのです。その理由を考えてみると、いくつか思い当たります。

その一は、裁判員の隔離までやると裁判員として動員される国民の反発を招き、制度が国民に支持されないということだったでしょう。

しかし、より大きな理由としては、とにかく制度の形を整えることができればそれでよい、そのためには実体的真実主義などは犠牲にしても構わない、所詮他人の事件だ、という恐るべき発想があったのでしょう。

いずれにしても呆れるべき事態で、到底裁判のことをまじめに考えた結果とは思えません。

（1）　この点については、拙稿「裁判員の解任」『判例時報』二二二七号三頁以下（二〇一四）。

終章　正義のゆくえ

理念の混迷ふたたび

ここまでくると、問題は再度、一体何のために、何を目指して、こういう不思議な制度を始めたのか、というところへ立ち戻ります。

およそ、司法に国民が参加すると、審理も判決もそれまでよりは粗雑なものになります。経験のある専門家だけがやっていたところへ経験のない素人を入れるのですから、これは当然のことで、どんな分野でも必ずそうなります。手続に素人を関与させて国民の感覚を反映させようということと慎重で丁寧な訴訟手続ということとは両立しません。そこで、新たに国民参加制度を導入しようというのであれば、この両者のうちのどちらを取るのかという困難な問題を避けては通れないのです。

前者を取るなら、国民の決めたところがそのまま真実であり、正義なのだ、だからそれが間違っているということは性質上あり得ないのだ、という前提が必要になりますし、後者を取るなら、いかに民主国家でも、主権者とはいえ、素人である国民には任せられない分野もあるので、そこは専門家にやらせよう、その判断が間違っているというなら、それを修正するシステムを設けよう、ということになります。これは重大な価値判断を迫る政策上の問題です。

制度施行前の二〇〇七年秋、当時の日弁連の会長がある機会に、刑事裁判の本質は国家刑罰権をどの程度発動するかということなので、あまり細かいいろんな事情を分析して真実を明らかにしていくことは、本来の刑事裁判ではない、と喝破しています(1)。

さすがにこの人は、これからの刑事裁判は、裁判員制度というシステムのせいで必然的に粗雑になる、もう真実の探求ということは望めなくなる、ということを洞察していたわけですが、日本人の大部分はこの見解に同意しないだろうと思いますし、訴訟では真相を追求すべきだという実体的真実主義に立ち、それを謳った刑事訴訟法一条を支持する私も、「刑事裁判の本質」に関するこの意見には同意しません。

しかるに、何も考えてはいなかった審議会は、こういう一番肝心な問題ももちろん考えてはいず、それどころか、国民参加が誤判・冤罪を防ぐという、他国の法律家が聞けば驚くような議論を大まじめにしていた結果が今日の事態を招いたのです。

当時は何となくそういう楽観論でも通用するような気分がありましたが、裁判員制度を実際に始めてみて、粗雑な審理、粗雑な評議、粗雑な判決が相次いで、司法への国民参加と真実の追求とは両立しないことが明らかになった今、制度見直しに当っては、我々は本当にこういう制度を欲しているのかという論点こそ真っ先に議論するべきでした。

(1) 第7章注(6)座談会「あなたが裁判員になる日(上)」『論座』七九頁平山正剛発言。

判例による憲法変更

また、最高裁の制度合憲の大法廷判決に現れたのかも知れない最高裁の憲法解釈への態度の変化ということにも注意をしておかねばなりません。

我が国の憲法の特色の一つは、その改正手続が極めて厳重で、その改正がほとんど不可能と言えるほど困難なことです。その正規の改正が困難となると、長い間には元々予定していなかった事象も生じてくるでしょうから、改正困難というハードルを潜るさまざまな技術が発達しますが、そういう途の一つは、もちろんその解釈を変えることです。条文はそのままでも、立法段階でこう言っている者がいたとか、条文にこういうことは絶対にしてはならないとまでは書いてないとか、世界中の多数の国でこういうことをしているとか、「必ずしも」そうとばかりは限らないとか、このようにしても同じ効果が得られるとか、というような理屈を並べておけば、憲法上の相当数の条文の意味を正反対に変えることができます。憲法とは要するに最高裁が「これが憲法だ」と言ったところのものだからです。そして、「世論」に「揺らぎ」を生じないよう、全員一致の判決にしておけば効果はますます確実です。

今回の大法廷判決は、裁判所内部の権力闘争の都合上、裁判員制度を是非とも憲法違反ではないことにしておかなければならないという必要性に迫られたもので、解釈による実質的な憲法改正がどこまで可能かということを実験したものではなさそうですが、最高裁判所は必要次第でこういうこともできるのだということは、これを機会にすべての国民が熟知していなければならないことです。

統計の限界

読者の中には、裁判員制度に何かと問題はあっても、大部分の事件では「大過なく」、つまり、余り問題なく処理されているのではないか、と思う人がいるかもしれません。しかし、それを言うなら、誤判・冤罪の宝庫というべき陪審制でも大部分の事件は「大過なく」処理されているのですし、裁判員制度開始前の我が国においても、今なら裁判員審理の対象となっていたような種類の事件類型でも、圧倒的多数の事件は「大過なく」処理されていたのでした。

問題は、少数ながら「大過なく」では済まない事件が存在するということで、誤判や冤罪はまさしくこの領域で起きていますから、ここに注目しなければなりません。生身の人間が処理する以上、誤りを完全になくすることは無理です。そのため、前にも述べた（本書一七六頁「陪審による誤判」）ことですが、制度を作るに当たっては、できる限り誤りを発生しにくくし、もし誤りがあった場合にはできる限りそれを発見しやすくし、そして誤りが発見された場合にはできる限りそれを救済しやすいという制度にしておかねばなりません。特に、刑事裁判という被告人の運命を決める、そして有罪の場合には国家刑罰権が発動されるという重大なシステムであって、万が一にも誤りがあってはならないという制度の場合には、何重にも念のための方策を設けておかねばなりません。

しかし、裁判員制度の下での粗雑な審理、粗雑な評議、粗雑な判決、というシステムはこの要請に完全に反するものです。これは国民にとっても被告人にとっても決して良い結果をもたらしません。

本書第Ⅱ部第3章「裁判員制度の本当の『正体』とは何か」で取り上げたような、裁判員制度下のさまざまな不都合は、我が国の刑事裁判全体の中では例外的なものですが、それが決して無視できないのは、それがこれまで存在しなかったような種類の不都合であるだけでなく、「大過なく」の領域の外側にあって、誤判・冤罪を生み出す可能性が大きいものであり、さらには、それらが裁判員制度というこの危険な訴訟方式の本質を象徴しているものだからです。

私は、我が国のこれまでの刑事司法に問題はなかったというつもりは全くなく、そのことは、私が本書で何回か引用した私自身の著書の中で、私が今の裁判所や今の刑事司法に厳しい批判的態度を持していることからも明らかだと思います。しかし、今の我が国の刑事司法にどんな問題点があって、どんな不都合が生じているのか、それは制度のどこをどう修正すればどこまで改善が図れるのか、という重要な問題には、冷静、緻密な検討が必要なはずでした。審議会では、この辺を全部すっ飛ばしていたのでしたが、熱に浮かれた議論で生まれた粗雑な裁判員制度の導入は、事態を一層悪化させただけに終わったのです。

こうしてみると、裁判員制度によって、審理期間は長期化し、無罪率は減り、重罰化は進み、不本意な判決に対して上訴の足がかりになる判決理由は短くなり、現場の裁判官・書記官・事務官は疲労困憊の有り様であり、弁護士（検察官も）の手間は圧倒的に増え、国民は多大な迷惑を被るに至っています。そしてマスコミの御用機関化も言論統制も進んでいるし、最高裁判所のプロフェッショナリズムを忘れた「劣化」には目に余るものがあります。この制度で何か一つでも良くなった点があるのでしょうか。

裁判員制度の悲劇

結局、裁判員制度は「誤解」によって胚胎し、「妥協」によって生まれ、「権力闘争」によって維持されている、ということになります。国民の司法参加が誤判・冤罪を防ぐという誤解がこういう制度の下地を作り、司法制度改革審議会での陪審制をめぐる妥協が誰も望んでいなかったこの制度を生み出し、そして裁判所内部の権力闘争がこの制度を守り、育てているのです。世界中どこを見ても、これほど不幸な生い立ち、背景を持つ刑事裁判制度はありません。

しかも、それだけではなく、我々は、この制度に膨大な血税と労力を注ぎ込んでいくつもの悲痛な経験をしたことによって、

① 一部のマニアが求めていただけで国民全体が求めていない方式での裁判は所詮無理であり、それを強行することは司法をゆがめるばかりであること、

② 日本人は、真実の追求には時間も労力を惜しむべきではないという発想が強く、国民の代表が決めたことがそのまま真実なのだからこれに反する異論は許さないというような実体的真実主義に反した思想にはどう裁判制度を変えてもなじめないこと、

③ 日本人には繊細な感覚を持っている人が多いので、内容が凄惨になりがちな重大事件に限定して国民参加を始めたのは格別の愚策であったこと、

等を学んだわけです。

もとより何も考えていなかった司法制度改革審議会は、こういう問題も全く考えてはいませんでした。ついでに、我々は、およそ司法官僚（最高裁判所事務総局の要職にある人たち）も官僚として目的のためには手段を選ばないということや、普通のマスコミはおよそ当てにならないということも学んだというべきでしょう。

裁判員制度は、我が国の刑事司法に深刻な病理をもたらしたこともさることながら、司法への国民参加ということは、日本では、あるいは、日本人には、合わない、所詮無理だった、という現実をこの裁判員制度を通じて痛切に体得してしまったということ自体が裁判員制度最大の悲劇なのです。

あとがきに代えて——さらば、裁判員制度

結局、この裁判員制度によって、膨大な血税を浪費し、審理期間は長期化し、被告人の未決勾留は長引き、重罰化は進み、無罪率は減り、性犯罪被害者は「セカンド・レイプ」とも言うべき目に遭い、不本意な判決に対して上訴の足がかりになる判決理由は短くなり、現場の裁判官・書記官・事務官は疲労困憊の有り様で、弁護士（検察官も）の手間は圧倒的に増え、裁判員として狩り出される国民側も多大な迷惑を被るに至っています。そして、マスコミの御用機関化も言論統制も進んでいます。この制度で何か一つでも良くなった点があるのでしょうか。私は一つもないと確信していますし、そう断言できます。既にこの制度は国民の圧倒的な離反にさらされています（本書八七頁「国民の離反」）。つまり、国民に見放されつつあるのです。また、本書第Ⅲ部で詳説した通り、最高裁判所はこの制度が憲法違反でないことにするため、裁判員からの辞退が柔軟にできていると言ってしまったため、その結果、裁判員というものはやりたい人がやればよく、やりたくない人はやらずに済むようになってきています。但し、今の問題は、裁判員をやりたい人というのが犯人に厳罰を科したいという暇な老人に偏ってきているらしいことで、こんなことでは国民の広範な意見、感覚を司法に生かすという国民参加の実が挙がりません。換言すれば、今の裁判員裁判は、制度の本来の趣旨にもかかわらず国民の平均的感覚があまり反映

していないものになりつつあるのです。司法制度改革審議会の委員たちは、ほとんど何も考えていなかったとはいえ、こういう事態を予期していた委員は一人もいなかったでしょう。

国民は司法から利益を受けていると同時に、司法を擁護する義務もあるというのが私の意見です。その内容を具体的に言うと、司法に十分な関心を持ち、司法制度とそれを支える人に十分な理解を持ち、個別の判断にも十分な理解を持って取るべきものは進め、批判すべきものは批判して良い世論の形成に努め、外部からの司法への攻撃に反対し、そして憲法を擁護してその違反を看過せず、我が国の司法の良さを破壊しようとする無法な試みに抵抗することです(1)。

この観点から裁判員制度を見ると、要するにこれは、法科大学院制度同様、何のメリットもなく、デメリットに溢れた制度です。国民は今こそ、このろくでもない制度と決別しなければなりません。「さらば、裁判員制度！」と叫ぶべき時期が来たのです。

(1) 拙著『批判』二五九頁以下。

た　行

索　引

（＊は人名）

《著者紹介》

西野　喜一（にしの・きいち）

1949年　福井市生まれ。
東京大学法学部卒，ミシガン大学法学修士（LL. M.），
博士（法学）（名古屋大学）。

1975年　東京地裁判事補。
15年の裁判官経験を経て，

1990年　新潟大学法学部教授。
法科大学院制度発足後は新潟大学法科大学院教授。
専攻は司法過程論。

2014年　定年退職，新潟大学名誉教授。

主　著　『裁判の過程』（判例タイムズ社，1995）
『司法過程と裁判批判論』（悠々社，2004）
『裁判員制度の正体』（講談社現代新書，2007）
『裁判員制度批判』（西神田編集室，2008）など。

さらば、裁判員制度
——司法の混乱がもたらした悲劇——

2015年1月30日　初版第1刷発行　〈検印省略〉

定価はカバーに
表示しています

著　者　西　野　喜　一
発行者　杉　田　啓　三
印刷者　藤　森　英　夫

発行所　株式会社　ミネルヴァ書房
607-8494　京都市山科区日ノ岡堤谷町1
電話代表　(075)581-5191
振替口座　01020-0-8076

亜細亜印刷

ISBN978-4-623-07182-1

Printed in Japan